KB176803

인류는   어떻게
진보하는가

인류는 어떻게 진보하는가

미래를 상상하는 방법, 모더니티

자크 아탈리 지음
양영란 옮김

책담

차례

일러두기

1. 단행본은《 》로, 극, 서사시, 잡지, 오페라, 그림, 예술 작품, 영화 등은 〈 〉로, 소고小考와 논문, 기사는 " "로 표기했습니다.
2. 본문의 주석은 모두 옮긴이의 주석입니다.

서문

모더니티와 그 역사를 생각해보는 일은 매우 시급한 과제다. 왜냐하면 모든 시대에 있어서 모더니티란 한 사회가 미래에 대해 품고 있는 개념, 그 사회가 미래에 대해 상상하고 소망하고 거부하는 것 등을 암묵적으로 뭉뚱그려 지칭하기 때문이다. 따라서 모더니티의 미래를 생각한다는 것은 미래의 어느 시점에서 우리가 미래에 대해 갖게 될 개념을 생각하는 것이다. 이는 지극히 매혹적인 주제가 아닐 수 없다. 가령 오늘날의 관점에서 구체적으로 보자면, 2030년에 사람들은 어떤 방식으로 2060년의 세상을 꿈꾸고 상상하며 이를 실현하고자 준비할지, 또 그에 대해 어떻게 반기를 들고 투쟁할 것인지를 지금 시점에서 생각해보는 것이라고 할 수 있다.

이 책은 끊임없이 변화를 거듭해온 하나의 개념, 크고 작은 정치적 예술적 투쟁의 궁극적인 목표가 되어왔던 '모더니티'라는 개념의 역사를 이야기할 뿐 아니라 역사의 각 단계에서 오늘날에 이르기까지 사람들이 어떤 방식으로 장래를 생각하고 준비해왔는지를 이해하려는 데 목적이 있다. 그래야만 앞으로 다가올 시대에 사람들이 모더니티를 대하게 될 방식을 유추해낼 수 있기 때문이다.

그런데 과연 꼭 그렇게 해야만 할 필요가 있을까? 물론이다. 미래는 우리가 미래를 생각하는 방식에 따라 만들어지기 때문이다. 훗날 미래에 대해 갖게 될 생각이 미래를 준비하게 만들며, 인류가 나아갈 길을 결정하기 때문이다.

우리 앞에 펼쳐질 일곱 가지 미래

—

실존 지향적 모더니티, 신앙 지향적 모더니티, 이성 지향적 모더니티, 이렇게 세 가지 모더니티의 지배를 거치고 난 오늘날, 모더니티의 문제는 이론의 여지없이 해결된 것으로 보인다. 지구상 대부분의 지역에서, 대부분의 사람들에게 모더니티란 서구화와 동일시되고 있으며 그러한 현상은 앞으로도 더욱 심화될 것이라는 말이다.

물론 그렇다고 해서 그것이 서양의 승리를 의미하는 건 아니다. 오히려 그 반대다. 왜냐하면 자신의 가치들(그중에서도 특히 개인이 자유를 누릴 수 있는 권리)을 남들이 전유함으로써 그 가치들이 보편화되는 바람에 서양은 자신만의 특수성을 박탈당했고, 그로 인해 자신의 우위마저 위태로운 지경에 이르렀기 때문이다. 다른 한편으로 타 지역에서와 마찬가지로 서양에서도 많은 사람들이 현재의 모더니티에 대한 개념에 대항하여, 또 현재 역사가 나아가는 방향에 대하여 가차 없는 투쟁을 벌이게 될 것이기 때문이다. 그들은 서구화에 대해 무엇보다도 도덕적 종교적 원칙을 유린하고, 문화적 다양성을 파괴하며, 자연을 황폐화시키고, 인간을 포함한 모든 사회적 관계를 점진적으로 인공물로 변형시킴으로써 이를 '상품화'한다고, 다시 말해서 인공 보철 기구가 모더니티를 평가하는 척도가 되는 단계인 '하이퍼 모더니티'로 이행하게 만든다고 비난할 것이다.

이러한 '하이퍼 모더니티'에 반기를 드는 자들은 미래에 관한 여섯 가지 비전, 즉 각기 다른 모더니티를 제시하려 들 것이다. 이 여섯 가지 중에서 다섯 개의 모더니티(복고 지향적, 찰나 지향적, 신정정치 지향적, 생태 지향적, 민족 지향적)는 본질적으로 개인의 자유와 양립이 불가능하므로 저항할 수 없는 자유의 요구 앞에서 무릎 꿇게 될 것이다. 그러면 결국 하이퍼 모더니티와 그에 따르는 망상으로 되돌아오게 될 것이 뻔하다.

따라서 내 생각에는 오직 한 가지, '이타적인 모더니티'를 통해서만 인류는 정체성과 창의성, 자유를 동시에 유지해나가면서도 지속 가능한 미래를 구상할 수 있을 것으로 보인다. 그러나 여기에 도달하기 위한 길은 매우 좁다. 그것도 치명적으로 좁다.

인류 역사 속 모더니티의 변화
—

인류 역사를 통틀어 다양한 문명권과 언어권에서 모더니티가 지녀

온 다양한 의미의 굽이를 따라간다는 것은 적재적소에서 인간의 삶을 조건 지어온 비밀들을 찾아가는 것과 다르지 않다. 이는 각각의 인간 집단이 주어진 시간과 공간 속에서 자신에게 해가 되는 것은 애써 물리치고, 자신이 꿈꾸는 유토피아에 어울리는 것은 한껏 고양시키며 기어이 이루고 싶었던 것을 생각해온 방식을 구별해보는 것이다. 또한 그것으로부터 가치관, 이상향, 미학적 관점, 분노를 일으키는 주제들, 진보의 개념, 경제 구조, 기업관, 정치체제, 풍습 등의 변화를 추론하는 것이기도 하다. 조금 더 산문적으로 말하자면, 먹고 입고 이동하며 거주하는 방식, 일하고 여가를 보내고 사랑하고 유혹하며 행복을 추구하는 방식이 변화해온 추이를 짚어보는 것이다.

이러한 성찰은 절대 괜한 짓이 아니다. 오늘날 우리가 애착을 갖고 결정적인 성취라고 여기는 가치들(가령 민주주의, 개인의 자유, 인간의 기본권 등)이 미래에도 여전히 똑같은 대접을 받으리라고 장담할 수 있는 사람은 아무도 없다. 경우에 따라서는, 상상에서든 실재에서든, 다른 가치들이 그 자리를 차지하게 될 수도 있다는 말이다.

새로운 집단이 등장해서 권력을 쟁취할 때마다 그 집단은 매번 자신이 꿈꾸어온 사회를 위한 변화만을 "모던하다"고 여긴다. 그들은 자신의 권력을 공고히 하고, 지속성 속에 그 권력을 안착시키려 한다. 이렇게 해서 '예전의 것'에 비해 훨씬 선호해야 마땅한 '새로운 것'을 정의하고 이를 강제하게 된다.

일반적으로 이들 권력 집단, 즉 지배적인 엘리트들로부터 자금

지원을 받는 한 시대의 예술(회화부터 문학, 영화 혹은 새로운 형태의 예술까지도 포함)은 이들이 지닌 호방함, 이들의 미래 비전을 반영한다. 예술은 모더니티를 바라보는 지배적인 관념을 사회의 다른 어느 분야보다도 효과적으로 구체화해서 드러내 보인다.

지배층이 현대화, 곧 '모던하게 만들기'를 노골적인 목표로 삼는 사회는 미래에 대해 명확한 비전을 가지고 있으며, 이때의 비전은 흔히들 "진보"라고 부르는 것과 연계되어 있다.

선사시대 사회는 수천 년에 걸쳐 이어져 내려오는 동안 기꺼이 반복적인 행태를 보여왔다. 변화란 변화는 모조리 죽음을 내포하고 있다는 두려움 때문이다. 인간들은 확신을 갖지 못하면서도 매일 아침 태양이 다시 떠올라주기를 고대했다. 가을에는 비가 내려주기를, 봄에는 새싹이 돋아나주기를 소망했다. 변화만큼 이들에게 걱정스러운 건 없었다. 그러므로 이들에게 모더니티란 동일한 것의 회귀였다고 할 수 있다. 안정적인 것이 곧 모던한 것이었다는 말이다. 이들의 우주발생론은 이들이 생산해낸 예술과 마찬가지로 그것이 아무리 독창적이고 천재적이라 할지라도 결국 이러한 유토피아에 대한 옹호에 지나지 않았다.

그러다가 초기 기술의 진보와 더불어 개인을 위한 새로운 것이 차츰 긍정적인 가치로 부상하기 시작했다. 불의 발견, 돌을 그저 깎아서 쓰다가 점차 다듬어서 쓰게 된 연장의 변화, 지렛대의 발명, 바퀴의 등장, 유목민에서 정착민으로의 변신, 농촌에서 도시로의 이동 등이 말하자면 초기 기술에 해당된다.

새로운 것은 근동 지역 유목민들과 지중해를 오가는 뱃사람들 사이에서 가장 먼저 기회로 인식되기 시작했다. 이들은 각각 농업의 창시자이며 최초의 도시를 건설한 자들이라고 할 수 있다. 이들은 미래가 인간의 고통을 줄여주고, 죽음의 순간을 늦춰주며, 보다 더 잘 살 수 있게 해주기를 희망했다. 인간 개개인이 집단으로부터 빠져나오기 시작한 것이다. 인간은 그 자체로 소중한 존재가 되었다. 이것이 실존 지향적 모더니티이다. 특히 히브리 문명권과 그 뒤를 이은 그리스 문명권은 각자 나름대로 새로운 것의 정당성을 변호했다.

사막 민족인 유대인 사회는 새로운 것을 환영하는 태도를 보였다. 인류가 이 땅에서 이루어야 할 임무이자, 메시아가 이 땅에 강림하여 죽은 이들을 부활시키기 위해 선결되어야 할 조건인 세상 개조réparation에 도움이 되기 때문이다. 이 사회는 여러 문명권들 가운데 새로운 것과 변화에 우호적인 태도를 보인 최초(적어도 서양 문명권에서는)의 문명권 중 하나였다고 할 수 있다. 그들이 보기에 미래의 가장 좋은 점은 세계를 개조하면서 동시에 불멸성에 다가갈 수 있다는 점이었다.

한편 어느 누구보다도 외부에서 오는 것들을 쉽게 받아들여 자기 것으로 만드는 데 능한 바닷사람들로 구성된 그리스 세계에서도 새로운 것이란 그 자체로 좋은 것이었다. 각각의 존재, 시민 각자에게 아름다움과 쾌락, 안락을 위한 새로운 원천을 제공하기 때문이었다.

중앙집권적인 군사 사회였던 로마는 자신에게 패한 유대인 사회와 그리스 사회로부터 계승한 유산의 일부를 자기 것으로 받아들였다. 로마 사회가 이룩한 주요 혁신으로는 강력한 군대를 꼽을 수 있다. 도시 계획에 있어서도 괄목할 만한 진전이 있었다.

그 이후 그리스화 된 유대 종교 집단, 즉 기독교는 로마제국 내부에서부터 차츰 더 나은 것을 향한 새로운 시선을 받아들이게끔 강제했다. 새로운 시선이란 미래가 속세에 있지 않고 속죄와 부활에서 찾을 수 있다는 관점을 가리킨다. 유대—그리스 사회에서는 축복으로 여겨지던 물질적인 부가 이제 저주로 인식되기 시작했다. 그래서 교회를 위해 기꺼이 자기 재산을 내놓는 자들이 '모던한 자', 즉 현대인이었다. 이것이 바로 신앙 지향적 모더니티이다.

기독교는 일신교의 힘, 다신교의 유연함, 중앙집권적 권력을 이어받았다. 이제 중요한 건 개개인의 실존이 아니라 집단이었다. 개인의 자유와 이성이 아닌 교회의 자유와 이성이 신앙과 섬기기 의식이라는 대가를 지불한 자들을 품어주고 보호해주었다. 영주들은 자신들과 교회의 이익을 위해 봉건사회를 조직했다. 이러한 모더니티는 유럽의 경우 1,500년 이상 지속되었다.

12세기에 들어와 이탈리아와 북유럽에서는 농업혁명과 산업혁명이 시작된다. 상인들, 즉 부르주아들은 다른 방식으로 생산하기 시작한다. 임금제도 등장한다. 부르주아들은 새로운 예술을 원했다. 그들의 자금으로 세운 이동식 시계탑은 붙박이식 교회당 종탑과 경쟁 관계에 놓인다. 건축, 음악, 문학 등은 종교가 아닌 다른 주제에 관심을 보인다. 화가들은 부르주아 고객들의 초상화를 그리는 데 열을 올리고, 심지어 풍경화도 등장한다. 당시로서는 굉장히 대담한 시도가 아닐 수 없다.

15세기부터는 아메리카의 발견, 인쇄술과 회계의 발달과 더불어 개신교 치하의 유럽과 이탈리아 일부 항구도시에서 훗날 "모던한 시대의 유럽"이라고 부르게 될 것이 형성된다. 상인들과 장인들이 농부보다 우위를 점하기 시작한다. 유럽 대륙의 심장은 베네치아에서 네덜란드 7개 주 연합공화국[•]으로 옮겨간다.

가톨릭 치하의 유럽에서는 여전히 신앙 지향적 모더니티를 믿으며 미래는 속죄에서만 찾을 수 있다고 생각하는 사람을 "모던한 자", 즉 현대인이라고 지칭했다. 반면 그리스인들이 떠받들던 이성으로의 회귀만을 고집하는 자들은 "고대인"이라고 불렸다.

북유럽이나 이탈리아에서는 모더니티에 대해 기독교식도, 그리스식도 아닌 새로운 개념이 점차 형성되기 시작한다. 이것이 바로 실존 지향적 모더니티도, 신앙 지향적 모더니티도 아닌 이성 지향적 모더니티다. 이성을 신봉하는 '새로운 모던한 자들'은 기술 변화와 과학 발전에 큰 관심을 보이며 기독교적 가치로부터 등을 돌리지만, 그렇다고 해서 그리스적 사고만을 유일한 영감의 원천으로

• 스페인령 네덜란드 17개 주 중에서 지나친 중앙집권적 정치 형태에 불만을 품고 종교의 자유를 쟁취하기 위해 독립한 7개 주를 일컫는 이름이다. 1581년부터 1795년까지 존속했다.

인류는 어떻게 진보하는가

추앙하지는 않는다. 이 '새로운 모더니티'는 진보를 신봉하며 시장과 자유에 신뢰를 보낸다. 그에 따르면 '미래의 미래'란 상업의 자유, 생각의 자유, 소유의 자유, 교환의 자유, 투표의 자유를 확산하는 것과 다르지 않다. 이러한 모더니티는 네덜란드에서 시작되어 산업혁명을 통해 영국으로, 독립전쟁을 통해 아메리카로, 정치 혁명을 통해 프랑스로 번져나간다.

"모더니티"라는 용어 자체는 그 뒤에 이어진 세기, 즉 19세기 초 발자크의 펜을 빌어 프랑스어에서 처음으로 등장했다. 모더니티는 하나의 시대, 하나의 문명, 미래를 바라보는 하나의 개념을 가리킨다. 여기에는 개인의 자유와 인권, 이성을 중시하는 합리주의와 실증주의, 기술과 산업의 진보에 대한 신념 등이 혼재되어 있다. 모더니티란 또한 정복이기도 하다. 정복을 위해서는 동력이 필요하다. 오귀스트 콩트에게는 과학, 생시몽에게는 산업, 마르크스에게는 계급투쟁, 토크빌에게는 사회적 조건의 평등화와 민주주의, 막스 베버에게는 합리화가 각각 그 동력이었다.

19세기 말, 모더니티에 대한 이 같은 새로운 의미에는 또 다시 이의가 제기된다. 제일 먼저 반기를 든 건 사회주의를 주장한 푸리에와 프루동, 마르크스 등이었다. 이들을 필두로 이성 지향적 모더니티의 새로운 형태, 즉 소외와 사유재산의 전횡에서 해방된 새로운 부류의 인간을 상상하고 그러한 인간의 탄생을 목적으로 삼는 다양한 형태의 모더니티들이 등장하게 된다.

한편 니체와 더불어 "허무주의"라고 불리는 또 다른 형태의 반발도 시작되었다. 허무주의는 훗날 썩 적절하다고는 할 수 없는 "포스트모더니즘"이라는 용어로 대체된다. 니체 중심의 반발 움직임은 음악과 회화에서도 관찰된다. 이는 미래의 의미에 대한 변화를 예고하는 것이 아니었다. 그보다는 다가올 20세기는 실존, 신앙, 이성 지향적 모더니티가 패배를 맛보는 세기가 될 것이라는 직관에 가까웠다.

그 후 1950년대부터 인류는 이성 지향적 모더니티의 대대적 회귀를 경험하게 된다. 인간에게 여행 수단(기차, 자동차, 비행기)과 폭력 수단(무기), 특별히 여성들에게는 조상 대대로 이어져 내려오던 임무(빨래, 청소, 요리)를 최대한 손쉽게 해치울 수 있는 수단을 제공해준 상업적 민주주의는 이제 각종 소비재를 통해 어린이들의 욕구(오락, 학습)마저 충족시켜주려고 안간힘을 쓴다. 뿐만 아니라 상업적 민주주의는 어른들마저 어린이로 변화시키고 그들의 변덕을 만족시키려 한다. 상업적 민주주의는 자신의 규칙을 그들에게 강요하지 않고, 무엇이 되었든 그들의 욕망을 부추기며, 그들이 무제한 빚을 지도록 내버려두고, 더 이상 공동체적인 삶을 존중하지 않는 행태를 묵인한다.

이러한 모더니티는 이제 너무도 강력하고 독재적이며 변화무쌍하기 때문에 새로운 것에 대한 강박관념과 자주 혼동된다. 그뿐 아니라 "컨템퍼러리", 즉 동시대적이라는 탈을 쓴 찰나적인 것 앞에서 슬그머니 자취를 감추기도 한다. 미래는 현재의 연속에 불과한 것이 된다. 아주 사소한 것이라고 해도 앞선 현재에 비교해서 약간의 차이나마 지니는 것, 미래는 다만 그 사소한 차이라는 점을 제외하면 다른 아무런 의미도 지니지 않는다. 마치 변화가 지나치게 가속화되다 보니 삶의 기간이 무한히 연장된다는 착각을 준다고 할까.

오늘날에는 세계가 안고 있는 각종 갈등과 동요에도 불구하고, 모던한 것이란 서양의 가장 행복하고 자유로운 나라의 주민들이 누리는 모든 수단을 누리는 것이라는 인식이 지배적이다. 다시 말해서 '현대적'이라는 것은 전 세계 보편적으로 노동하고 기업을 일구고 먹고 마시고 치료 받고 학습하고 주거 생활을 영위하고 교육을 받고 청결을 유지하는 데 필요한 모든 물질적 수단과 더불어 정치적 속박, 금기, 편견 등 남녀노소 구별 없이 모든 사람의 발전을 가로막는 전근대적인 규정에서 벗어나는 데 필요한 모든 정치적 수단을 누리는 것을 의미하게 되었다. 모던하게 살기, 즉 현대화란 그러므로 이성 지향적 미래 비전과 그로부터 파생되는 모든 것, 즉 기술 진보, 혁신, 개인의 자유, 인권, 시장, 민주주의 등을 수용하는 것이다.

오늘은 그렇다 치고, 그렇다면 내일은 무엇이 모던한 것으로 대접받게 될까? 미래의 의미는 어떻게 달라질까? 더 많은 이성? 더 많은 개인의 자유? 더 많은 권리? 아니면 반대로 더 많은 의무와 책임? 더 많은 변화? 아니면 더 많은 안정성? 더 빠른 속도? 아니면 느리게 살기? 더 많은 제조업? 아니면 더 많은 서비스업? 사람들은 더 오래 살기를 희망하게 될까 아니면 보다 더 사람답게 살기를 원할까? 더 많은 자연을 누리고 싶어 할까 아니면 더 많은 인공물을 추구할까? 더 두터운 신앙? 아니면 더 확고한 실존? 미래에 있어서 모더니티의 예술은 어떤 형태로 나타나게 될까? 미래의 관습, 유행, 전투, 사랑은 어떤 양상을 띠게 될까? 각각의 인간, 민족, 나아가 인류 전체는 어떤 미래를 계획할까? 오늘날의 우리는 현재의 열망과 예술을 읽음으로써 그것을 짐작할 수 있을까?

요컨대 현재 통용되고 있는 서양 지향적인 모더니티 개념은 분명 앞으로도 상당히 오래도록 군림할 것이다. 서양에서 현재 절대 다수를 이루고 있으며 다른 지역에서도 점점 더 세를 불려가고 있는 개인주의가 궁극적인 목표(해방자 역할을 한다는 이유에서)라고 생각하는 사람들은 최근 두 세기 동안 형성되어온 구미식 발전 모델을 스스럼없이 받아들일 것이다. 그들은 점점 더 자유로운 풍습과 합리적인 행동을 추구할 것이다. 이들에게 '현대적'이란 점점 더 많은 부를 축적하고 점점 더 오래 삶을 향유하는 것이다. 신체 외부용 보철 기구는 물론 내부에 장착하는 기구(기계적, 화학적, 유전학적, 디지털 등 모든 것을 포함)에 이르기까지, 무슨 수를 써서라도 생명을 연장하고자 할 것이다. 더 오랜 시간이 지나면 인공 생명이나 성적 기능의 통합 등을 통해 인간은 점차 인공물 제조자 혹은 인공물 상인으로 변해갈 것이다. 나는 이를 "하이퍼 모더니티" 또는 "인공물 지향적 모더니티"라고 부르려 한다.

그런가 하면 반대로 오늘날 통용되는 모더니티는 이제 수명이

다했다고 여기는 사람들도 있다. 기진맥진한 서양은 윤리적, 금융적, 생태환경적, 기술적, 미학적 재앙을 향해 치닫고 있으며, 이성은 몰락했다고들 말한다. 일부 사람들은 미래를 예측하거나 앞질러 소망하는 건 한마디로 불가능하다고 일축해버린다. 이들은 미래란 예측할 수 없는 현재의 연속일 뿐이라고 주장한다. 이런 부류는 스스로에게 "모더니티를 부정하는 자amoderne"라는 꼬리표를 붙인다.

그뿐 아니다. 미래를 위한 가장 좋은 유토피아는 이전 시대의 문화를 건설하는 데 토대가 되었던 가치들, 다시 말해서 실존 지향적 모더니티 또는 신앙 지향적 모더니티로의 회귀라고까지 말하는 사람들도 더러 눈에 띈다. 이러한 "과거 지향적 현대인rétromoderne"들은 종교적 원리주의나 생태적 전체주의 또는 인종의 순수성 등을 주장할 것이다. 이 경우 이들 각각을 "신정정치 지향적 모더니티théomodernité", "생태 지향적 모더니티écomodernité", "민족 지향적 모더니티ethnomodernité" 등으로 부르기로 하자.

마지막으로 서양 지향적 모더니티는 세속적이 되었든 종교적이 되었든 이타주의, 그러니까 이기주의에 대한 거부와 장기적인 관점에 입각한 선택에 토대를 둔 혁신적인 윤리 형태에 의해서만 극복될 것이라고 생각하는 부류도 존재한다. 우리는 이를 가리켜 "이타적 모더니티altermodernité"이라고 명명할 수 있다. 이들로부터 새로운 형태의 기업, 경제, 사회, 이념, 관습, 예술, 생활방식이 형성될 수 있다. 또한 새로운 형태의 노동, 창조, 여가 활용, 사랑, 정치 등도 제시될 수 있다.

유사 이래 인류는 더 이상 반복적인 세계에 만족하지 않고 자신의 운명을 두 손에 움켜쥔 채 이를 개척해나가기로 결심했다. 이타적 모더니티는 그 이후 인류가 빠져든 함정에서 벗어나기 위한 유일한 출구다. 이타적 모더니티는 가능하긴 하나 실제로 이루어질 수 있는 개연성은 매우 낮다. 예술은 이타적 모더니티가 도래하느냐 실패하느냐의 문제에 있어서 매우 비중 있는 역할을 하게 될 것이다.

2030년의 세계가 어떤 양상으로 나타날지는 이제부터 살펴볼 모더니티에 대한 다양한 견해와 그 견해를 지지하는 세력이 벌이는 각축전에 달려 있다. 이 시기에 인류가 2060년을 어떻게 생각하고 준비하느냐에 따라 생산하고 투쟁을 벌이는 방식이 좌우된다는 말이다.

인류는 어떻게 진보하는가

I

새로운 것을 향한 욕망의 탄생

실존 지향적 모더니티, 4세기 이전

하나의 사회에서 모더니티를 지칭해야 할 필요가 있으려면 현재와 과거로부터 미래를 구별 지을 수 있어야 한다. 현재나 과거보다 나을 가능성이 있는 미래에 대한 개념도 정립되어 있어야 한다. 심지어 현재와 과거의 가장 나은 것보다도 더 나을 수 있어야 한다. 그러므로 물질적, 제도적 또는 이념적 진보를 생각할 수 있어야 한다. 좀 더 엄밀하게 말하자면 지배 집단이 미래에 대한 비전을 지니고 있어야 한다.

그런데 인류 최초의 사회들 중 대다수는 같은 것을 유지하고 보존하려는 집착과 반복적인 순환, 영원한 회귀를 중심으로 조직되어 왔다. 역사적으로 최대한 멀리 거슬러 올라가 보고 최대한 많은 지식을 동원해보아도 같은 결론이다. 그것이 그들의 생존과 안정을 지켜주는 방편이었기 때문이다. 물론 여기서의 생존은 집단으로서의 생존을 말한다. 당시에는 개인이라는 존재는 아직 대두되지 않았다.

역사의 존재 이유는 자기 부정에 있다. 하지만 인간은 태양이 매일 다시 떠올라주기를 기대한다. 달이 정확한 주기에 따라 순환하기를, 그래서 인간이 이를 신속하게 알아차릴 수 있기를 소망한다. 짐승들이 늘 같은 주기를 따라주어서 그 짐승들을 사냥할 수 있기를 바란다. 식물들도 그와 마찬가지이기를, 그리고 계절마다 비가 내려주어서 그들의 수확에 차질이 없기를 바란다.

초기 사회에서는 이러한 리듬, 균형, 주기성, 요컨대 자연법칙을 방해하는 것만큼 커다란 위험은 없었다. 새로운 것은 곧 위험이었고 개인이란 위험한 존재였다. 그러한 사회에서 진보란 상상조차 할 수 없었다. 새로운 것은 곧 죽음이었기 때문이다. 그 같은 사회에서 역사 따위는 존재하지 않았다.

인류 최초의 혁신

—

호모 사피엔스가 살아온 기나긴 역사 속에서 어느 한 시점에 이르자 인간은 부족들의 혼란스러운 진화에 더 이상 만족할 수 없었을 것이다. 호모 사피엔스 사피엔스가 된 이들은 좀 더 잘 살기를, 지금까지보다 노력은 적게 하면서 더 낫게, 더 풍족하게 살기를 원했을 것이다. 요컨대 당당하게 존재하고 싶어 했던 것이다. 그래서 정복하고 축적하기 시작했다. 이들은 30만 년 전, 10만 년 전, 1만 2,000년 전, 1만 년 전, 7,000년 전, 3,500년 전에 각각 불, 의복,

신발, 바퀴, 돌 연마, 지렛대, 활, 농업, 목축, 관개, 벽돌, 금속 제련, 도시, 문자 등을 발명함으로써 거대한 변화를 일으켰다.

특히 의복의 발명은 엄청난 진보를 낳았다. 그 후로 인간과 인간을 둘러싼 환경 사이의 관계는 뿌리째 달라졌다. 의복은 신발과 더불어 인류를 동물과 구분 짓는 가장 중요한 초기 발명품이라고 할 수 있다. 또한 규칙적으로 이를 변화시킴으로써 존재하고자 하는 욕구를 매우 독창적으로 표현하는 수단이 되었다. 말하자면 의복을 통해 최초의 모더니티가 표출되었다고 할 수 있다. 지금으로부터 3,500년 전에 존재했던 이집트 신왕국 기간 동안 의복은 이미 사회적 지위에 따라 구분되기 시작했다. 항상 변함이 없었던 일부 제복을 제외한다면, 남자들 사이에서든 여자들 사이에서든 패션은 신속하게 바뀌었다. 오늘날까지 명맥을 이어오고 있는 초기 인류의 생활 방식들을 연구한 명망 높은 민속학자 앙드레 르루아 구르앙André Leroi-Gourhan•은 이 문제에 대해 그의 저서 《생태계와 기술 Milieu et Techniques》에서 다음과 같이 말했다.

모든 민족은 매우 빠른 속도로 엄청나게 많은 변화를 보인다. 이는 그들을 반세기 정도만 꾸준히 관찰해보면 드러나는 사실이다. 오늘날의 우리라고 해서 크게 다를 바도 없다. 하다못해 허리에 걸

• 1911-1986, 프랑스의 민속학자, 고고학자, 역사학자이다. 과학적 엄밀성과 철학적 개념을 융합할 수 있는 역량을 지닌 기술·문화 비평가이기도 하다.

치는 간단한 천 조각의 길이만 놓고 보더라도, 발목까지 내려오는 길이였다가 무릎 위로 껑충 뛰어올라가는 등 변화무쌍하다. 한동안 빨강이 유행하는가 하면 어느새 다른 색상이 인기를 얻고, 허리띠도 굵어졌나 싶으면 곧 가늘어진다. 콧구멍 사이를 뚫고 꿰는 막대기도 한동안은 뼈로 만들었다가 이내 잘 다듬은 나뭇가지로 대체된다. 길이가 짧은가 긴가에 따라 고전적이고 점잖은 풍취가 우세할 때도 있고, 튀는 취향이 유행할 때도 있다.

의복의 유행은 존재를 그대로 드러낸다. 이는 역사가 지속되는 동안 모더니티라는 개념이 어떻게 변화해가는지를 보여주는 중요한 기호로 작용한다.

의복뿐 아니라 자손 번식에 있어서 성생활의 역할에 대한 인식같은, 차원이 다른 변화도 관찰할 수 있다. 성생활이란 사실 전혀알려지지 않았을 뿐 아니라 아예 부정되던 것이었다. 무수히 많은우주발생론들이 신적 존재의 탄생에 관해서 오래도록 이러한 부정설을 유지해왔다. 신의 고유한 속성은 신을 낳아주는 부모(또는 부모에 해당되는 자)의 성관계 없이, 신들 간의 일종의 신학적 자기 복제에 의해 탄생했다는 점이다. 그리고 바로 이 점 덕분에 그들은 불멸성을 획득한다. 이 책을 통해 독자들은 성생활과 후손 번식 사이에 존재하는 관계의 진화가 미래, 그리고 모더니티의 개념이 변화하는 데 얼마나 중요한 역할을 했는지 이해하게 될 것이다.

우리가 입수할 수 있는 최초의 우주발생론(이집트, 아시리아)은 길

가메시 서사시에서 보듯이 한결같이 불멸성을 찾아 나선 인간의 헛된 노력을 주제로 삼고 있다. 결국 죽을 수밖에 없는 존재인 자신의 운명을 받아들이고 신의 마음에 들고자 노력해야 하는 필연성 또한 이러한 우주발생론의 뼈대를 이룬다. 역사상 모든 형태의 모더니티는 어떤 방식으로든 하나의 사회가 가장 먼 미래, 즉 불멸성을 향한 꿈과 맺는 관계를 반영한다는 사실을 마주하게 될 것이다.

유대와 그리스 세계: 실존의 탄생
—

히브리식 사고방식과 그 뒤를 이어 그리스식 사고방식에 이르러서야 비로소 우리는 새로운 것이 개인을 위한 긍정적인 가치로 부상하여 대중적으로 수용되고 이론화되는 현상과 마주치게 된다. 히브리와 그리스 민족은 서로 이웃해서 지내는 별개의 민족으로서 각각 최초의 모더니티 개념을 발명했다. 이 두 민족은 자신들을 억압하는 정복자 또는 적군의 굴레에서 벗어나기 위한 전투를 통해 그러한 발명에 이르렀다. 히브리 민족에게는 이집트와의 갈등이, 그리스 민족에게는 트로이인들과의 전쟁이 각각 모더니티를 발명하는 계기가 되었다. 두 경우 모두 자신들의 정체성, 즉 자신들의 존재를 송두리째 뒤흔들어놓는 적에게 대항하는 과정에 그리 되었다.

이 두 민족에게 있어서 시간은 더 이상 이전처럼 주기적, 순환적으로 반복되지 않으며 선적으로 전개된다. 두 민족 모두에게, 인간은 태곳적부터 개인으로 존재했다. 인간은 원래 죽지 않고 영원히 살 수 있는 반복적인 세계가 주는 안정적인 완벽함에 도달할 수 있었다. 그런데 한 순간의 실수로 그 세계에서 추방당하게 되자 그곳으로 되돌아가고자 무진히 애를 쓴다. 여기서 시간은 특별한 의미를 갖는다. 즉 지식과 자유, 인식, 부, 예술품의 축적이라는 의미를 지니게 되는 것이다. 미래가 비록 불확실성과 위협으로 가득 차 있다고 하나, 그와 동시에 풍성한 약속으로 차고 넘치는 것도 사실이다. 그러한 미래를 우회하는 것은 더 이상 위험한 것으로 인식되지 않는다. 미래는 이제 진보의 주역으로, 잃어버린 불멸성의 재탈환으로 받아들여진다.

히브리 민족과 그리스 민족의 역사는 거의 동일한 알파벳, 즉 매우 가깝지만 서로 다른 두 가지 문자(히브리 알파벳은 기원전 16세기에 이미 원시 시나이어 기록에 사용되었으므로 그리스 알파벳보다 7세기가량 앞선 문자라고 보아야 한다)를 통해 개별적으로 기록되었다. 획기적인 발명품인 알파벳은 이 최초 형태의 모더니티의 핵심이다. 알파벳 덕분에 훨씬 신속한 기록이 가능해졌고, 따라서 훨씬 더 많은 사람이 기록을 접하는 일도 가능해졌다. 이로써 지식, 역사, 기술 등을 축적하고 전달하는 일이 훨씬 수월해졌다.

불복종으로부터 시작된 역사

—

히브리인들은 아담에서 아브라함, 모세로 이어지는 인물의 역사를 마치 자유를 향한 인류의 느린 전진처럼 기술한다. 인간으로 하여금 불멸성을 상실하게 만든 추락 이후, 인간은 장애물투성이 여정을 따라가며 엄격한 율법을 강요받았다.

〈창세기〉에 따르면 인류의 역사는 인간이 금기 사항을 어김으로써 비로소 시작된다. 그리고 그 역사는 신이 내린 율법에 대한 또 다른 위반으로 점철된다. 인간의 실존은 불복종을 통해서 드러난다. 히브리인이라는 말이 파생된 hever(헤베르)라는 단어는 '경계'와 '위반'을 동시에 의미한다. 히브리어에서 달月을 뜻하는 kodesh(코데시)라는 단어는 '새로운 것'을 의미하기도 한다. 이는 달의 형태가 늘 달라진다는 점에서 유래한다. 〈전도서Qohelet〉를 보면 "태양 아래 새로운 것은 없다"라는 대목이 나온다. 바꿔 말하면 새로운 것이란 태양 위에 있다는 말이 된다. 자유란 틀에서 빠져나오는 것, 틀을 벗어나는 것을 의미한다.

토라, 즉《구약성경》전체가 바로 일탈에 대한 변호로 채워져 있다 해도 과언이 아니다. 더욱이 자유로운 인간은 신의 율법에 의해 자신만의 고유한 열정 때문에 감수할 수밖에 없는 위험들로부터도 보호받는다. 이렇게 해서 개개인의 삶은 신성해진다. 인간은 이제 인간의 목숨을 제물로 삼는 관습을 포기한다. 노동에 새로운 의미와 가치가 부여된다.

인류 역사상 최초로 《구약성경》에서 농부들의 노동이 화제로 등장한다. 농부들은 전쟁에 참가하는 전사들을 먹이고, 무기와 배를 제조하는 장인들에게도 식량을 공급한다. 그들을 돕는 상인들 역시 농부들이 생산한 곡물로 연명한다. 인류 역사상 최초로 전쟁보다 노동이 훨씬 더 큰 영예를 얻기에 이른다. 그것이 "살인하지 말라"와 "일주일에 엿새는 일하고 일곱 번째 날에는 휴식하라"라는 계명이 의미하는 내용이다. 생명을 존중하고 품귀 현상을 벗어나기 위한 직업에 종사하는 것이 모던한 것으로 인식된다. 노동의 결과물 혹은 노동을 통해 획득할 수 있는 것은 보호된다. "네 이웃의 여자를 탐하지 말라. 그의 노예들이나 가축들도 탐하지 말라. 그에게 속한 것은 당나귀 한 마리도 탐하지 말라."

이제 인간은 스스로 축적하고 이를 후세에 전달해야 한다. 그러기 위해서는 이성과 합리적인 정신을 사용해야 한다. 이성적으로 세상을, 인체를, 나아가서 우주를 연구해야 한다. 새로운 것을 향한 욕망의 첫째가는 의미는 변하기 위해 변하는 것이 아니라 축적과 전달 그리고 신이 뒷전으로 물러나면서 불완전한 상태로 인간에게 하사한 세상을 인간에게 득이 될 수 있도록 더 낫게 개선하는 것에 있다. 야생의 숲을 정원으로 가꾸기 위해서. 실존이 지닌 잠재 가능성을 탐사하기 위해서.

아브라함에서 모세에 이르는 시대, 그리고 사사士師의 시대를 지나면 왕의 시대가 시작된다. 역사는, 인간이 통제하는 역사는 이때부터 시작된다. 그도 그럴 것이 왕들은 분명 인간들이며, 이들은 신이 그들에게 부여한 율법을 위반함으로써만 앞으로 나아갈 수 있기 때문이다.

신과 같은 자유로움의 모더니티

—

모세는 자신이 과거에 누렸던 삶의 모든 규칙을 어기면서 히브리 민족을 노예 상태에서 해방시켰다. 호메로스 이야기에 따르면 그동안 율리시스는 부적절한 사랑으로부터 헬레나를 구하기 위한 장도에 오른다. 이 두 여행은 실제 일어났다면 동시대의 일이다. 그리스는 히브리와 마찬가지로 감히 도전하고, 여행에 나서서 승리를 쟁취함으로써 정착민에 대한 유목민의 우월성, 집단에 대한 개인의 우월성을 입증해 보였다.

히브리인들과 마찬가지로 그리스인들에게도 인간은 추락한 존재들이다. 그리스인들은 황금시대에서 청동시대(《일리아드》에 등장하는 영웅들의 시대)로, 청동시대에서 철의 시대(그리스인들이 살고 있는 시대)로 이행했으며, 앞으로 더 나은 미래, 새로운 황금시대가 도래하기를 희망했다. 헤시오도스의 시는 그러한 심정을 훌륭하게 그려냈다. 그리스인들은 히브리인들과 마찬가지로 새로운 것을 긍정적인 것으로 받아들였다. 인간 개개인의 미래가 잠재적으로 현재보다 나을 것이라고 믿었다.

그런데 미래에 대한 이 두 가지 개념 사이에는 엄청난 차이가 존재한다. 히브리식 일신교는 인간이 신의 이미지에 따라 만들어졌다는 신의 섭리의 단일성과 인간을 사랑하며 인간을 부활로 이끄는 신이라는 개념을 제안했다. 반면에 그리스식 다신교는 인간을 경멸하고 조롱하며 인간의 정념이 빚어낸 구차스러운 광경을 보고 즐기는 신들로 넘쳐난다. 말하자면 이 세계에서 신들은 자유로운 반면 인간은 그렇지 못하다. 인간은 자유로워지고자 애쓰지만 언제나 운명, 곧 유한성에 발목 잡히고 만다. 핵심은 바로 여기에 있다. 존재의 자유란 악을 행할 수도 있고, 정념에 따라 살 수도 있는 자유라는 점이다. 여기서의 법은 신이 하사한 율법이 아니라 인간들 스스로가 정한 법이다. 인간은 독립성을 쟁취했고, 그 독립성은 그에게 행복을 안겨줄 수도 있고 불행을 선사할 수도 있다.

히브리 민족과 그리스 민족 사이에는 또 하나의 본질적인 차이점이 있다. 히브리인들에게 성생활은 자손 번식과 불가분하게 연결되어 있는 반면, 그리스인들에게는 쾌락과 밀접한 상관관계를 맺고 있다. 알다시피 쾌락이란 슬픔과 불만의 치료제다. 또한 정념과 환희, 고통의 원천이기도 하다. 히브리인들에게 행복이란 그 자체로서 목적이 아닌 반면, 그리스인들에게는 그렇다. 히브리인들에게 아름다움은 특별히 찬미해야 할 대상이 아니지만, 그리스인들에게 아름다움이란 전부나 다름없다. 히브리인들은 이미지에 대해 무심한 반면, 그리스인들은 조각과 건축, 연극, 음악 등 각 분야에서 아름다움의 기준을 확립했다.

유대식 사고방식과 그리스식 사고방식 사이의 교류를 통해 서서히 가치 체계, 즉 개인, 지식의 축적, 물질적 세계의 개선, 존재와 사유의 자유를 찬미하는 일종의 사회적 유토피아가 건설되기 시작했다. 그 배경에는 언제나 자유의 지고한 형태, 요컨대 죽음의 속박으로부터 벗어나려는 광적인 욕구가 깔려 있었다. 모던하다는 것은 궁극적으로, 이미 그렇게 인식되고 있긴 하지만, 앞으로도 내내 불멸성의 획득과 다르지 않을 것이다.

기원전 5세기 무렵, 그리스인들(특히 아테네 시민들)은 이렇듯 시민들을 중심으로 하는 자신들이 최초의 문명인 '도시'의 발명가라고 자부했다. 그리고 야만인들이 그들 주변을 둘러싸고 있다고 믿었다. 그리스인들은 그들이 자유인임을 혹은 자유인이 될 수 있음을, 다시 말해서 신들의 변덕에 휘둘리지 않을 수 있음을 확인하고 싶어 했다. 이를 오늘날 우리의 언어로 표현하자면, '모던하다는 것은 자유로운 것이다. 그리고 모더니티는 자유로워지려는 의지의 표현이다.' 정도가 되지 않을까. 자유로워지기 위해서 아테네인들은 페르시아와의 전쟁에서 패배했음에도 스스로 해방된 민족이며 그렇기 때문에 자신들은 소중한 존재라고 생각했다. 우선 프로타고라스를 비롯한 소피스트들은 인간(여기서 인간은 적어도 그리스 시민을 의미한다. 그러니까 여자와 노예, 야만인들은 제외된다)을 우주의 중심에 놓았다.

인간은 모든 것, 존재하는 모든 것의 척도다. 그것들이 존재한다는 사실 때문에 그렇다. 존재하지 않는 모든 것의 척도이기도 하다.

그것들이 존재하지 않는다는 사실 때문에 그렇다.

그들에게 모든 생각은 비판받는 동시에 지지 받아야 마땅하다. 사유와 표현의 자유는 절대적인 가치로 추앙 받았다. 그 후 플라톤이 나서서 개념과 그것의 발현을 구별함으로써 논리학 담론의 형성이 가능해졌다. 논리학 담론은 지식 축적의 필요조건이다. 이데아는 변하지 않고 영원한 반면, 현상(사물, 구체적인 사실 등)은 일시적이며 변화한다. 관념은 옮겨 다니면서 전달될 수 있다. 관념은 물질적인 발현과는 뚜렷하게 구분되는 개념이다. 알렉산더 대왕의 가정교사였던 아리스토텔레스는 이데아의 세계란 논리학의 지배를 받고, 논리학은 신의 또 다른 이름에 해당하는 '능동 지성intellect agent' 또는 '최초의 동인premier moteur'을 중심으로 지식의 총체를 구조화한다고 주장했다.

당시의 철학자들, 그러니까 논리를 사랑하는 자들은 물질의 본질에 대해 논쟁을 벌였다. 이들은 원자가 기하학적 관점에서 볼 때 점이라고 할 수 있는지, 색상이나 맛, 냄새 등을 지니고 있는지, 분리할 수 있는지, 무한히 쪼개질 수 있는지, 아니면 한 사람의 '제작자' 즉 유일한 신과 같은 존재에 의해 똑같이 창조될 수 있는지 등을 알고자 했다.

각 개인의 차원에서 보자면, 새로운 것을 향한 욕망은 도처에 산재되어 있었다. 풍습이나 언어 표현의 자유, 옷 입는 자유 등 모든 분야에서 감지된다. 새로운 것의 수용과 더불어 모던한 것이 가시적으로 나타나는 최초의 형태인 패션이 등장했다. 패션이란 의생활의 변화를 통해 개개인이 자신의 차이, 남과 다른 점을 표현하며, 자신의 존재를 드러내는 방식이라고 평가할 수 있다. 같은 시기에 그리스 예술가들은 권력자들을 위해 이러한 가치를 재확인시켜주는 예술 작품들을 생산했다. 가령 이들은 비율이라는 수학적 개념을 빌어 형태의 균형과 인체의 아름다움을 정의했다.

개개인의 더 나은 미래라는 개념은 끝없이 확산되어갔다. 소포클레스는 〈안티고네〉(기원전 440년경에 발표된 이 뛰어난 작품은 그리스인들이 생각하는 모더니티의 모든 것을 고스란히 보여준다)에서 진보의 근원이 인간 찬미에 있음을 입증해보였다.

감탄할 만한 것들은 많이 있다. 하지만 인간보다 더 감탄을 자아내는 존재는 없다. 인간은 심하게 요동치는 사나운 파도 한가운데에서도 어두운 바다를 가로지르는 변덕스러운 노투스Notos•에 이끌려 앞으로 나아간다. 인간은 해를 거듭하면서 여신들 가운데에서도 가장 강력하며 영원히 지치지도 않는 가이아Gaea••를 길들이고, 말의 도움을 받아 가이아의 품을 갈아엎는다. 재능이 뛰어난 인간은 밧줄을 엮은 그물로 몸이 가벼운 새들과 야생동물들, 바다에 사는 생명들을 덮어씌운다. 인간은 술수를 부려서 산에 사는 사나

• Notos 또는 Notus. 그리스신화에서 남풍을 의인화하여 일컫는 표현이다. 여름의 끝을 알리며 비와 폭풍을 몰고 오는 바람을 뜻한다.
•• 그리스신화에 나오는 대지의 여신.

운 짐승들을 고분고분하게 만들며, 털 많은 말들과 지칠 줄 모르는 황소들에게 재갈을 물려 인간 앞에서 고개를 숙이도록 만든다. 언어와 빠른 사고력을 지닌 인간은 도시국가를 지탱하는 법을 알고 있으며, 꽁꽁 어는 추위와 야속한 비로부터 자신의 거처를 보호할 줄도 안다. 모든 방면에서 영리한 인간은 절대 미래에 대한 예측을 소홀히 하지 않는다. 그러나 인간은 하데스Hades*의 손아귀에서만큼은 빠져나가지 못한다. 그럼에도 인간은 위험한 질병을 치료할 수 있는 방법들을 알아냈다.

같은 시기에 에우리피데스가 발표한 극작품들 역시 인간의 자유에 대한 변명이라고 할 수 있으며, 그 작품들은 동시에 인간의 이성을 눈멀게 하는 정염의 힘을 증명해 보였다. 에우리피데스에게서는 아이스킬로스와 소포클레스 같은 선배들이 각각 지녔던 신의 심판과 인간의 심판에 대한 믿음은 이미 찾아볼 수 없었다. 그는 변덕스러운 운명, 제어할 수 없는 욕망의 전횡, 인간 고유의 약점, 이성과 정념 사이의 갈등 앞에서 방황하는 인간을 묘사할 따름이었다. 덕분에 에우리피데스의 작품에 등장하는 인물들(메데이아, 페드르, 헤카베, 헤르미오네, 엘렉트라, 아가멤논, 메넬라오스)은 지극히 구체적인 현실 상황 속에서 자신들의 사랑을 끝까지, 다시 말해서 비극으로 치닫도록 강렬하게 산다.

훗날 벌어질 이른바 '신구新舊논쟁', 즉 모던 지지자들과 고대인

• 그리스신화에서 죽음과 지하 세계를 관장하는 신.

지지자들이 맞붙게 될 토론은 고대 그리스의 연극에서 최초로 시작되었다. 기원전 405년 아리스토파네스라는 새로운 극작가가 등장한다. 아이스킬로스가 시칠리아 여행 중에, 소포클레스가 아테네에서, 에우리피데스가 마케도니아 망명 중에 각각 사망한 후였다. 아리스토파네스는 〈개구리〉라는 극에서 비극 작가 한 명을 데려오기 위해 연극의 신인 디오니소스를 지옥(지옥 주변의 늪에는 개구리들이 우글거린다)으로 내려보낸다. 디오니소스는 누구를 선택할지 결정하기 위해 에우리피데스와 아이스킬로스 사이에 싸움을 붙인다. 그러고는 에우리피데스에게 지나치게 소박한 인물들만 등장시킨다고 "늘 보아오던 일상적이고 친근한 집안 이야기들"이나 "신전에서 아이를 낳거나, 오빠들과 성관계를 갖고 나서는 그러지 않고는 인생이 인생답지 않다고 강변하는 여자들"만 글감으로 사용했다고 나무란다. 디오니소스 신은 두 시인이 쓴 시구들을 저울에 달아보고 결국 아이스킬로스를 택해서 그를 인간세계로 돌려보낸다.

얼마 지나지 않아서 이 두 가지 이야기, 즉 유대 민족과 그리스 민족, 모세의 혈통과 율리시스의 혈통은 혼합된다. 랍비들이 그리스 세계로 몰려들고, 그리스 철학자들이 유대 사회로 편입된 것이다. (그로부터 15세기가 지난 후, 마이모니데스는 증거까지 제시하며 아리스토텔레스 사상의 핵심은 유대인 신학자들과의 만남에서 비롯되었다고 설명했다. 그에 따르면 '물리학'과 우주가 영원하다는 아리스토텔레스의 사상은 창세기에서 영감을 얻었으며, 에스겔이 끄는 천상의 수레라는 성서 속의 일화가 그의 '형이상학'에 영향을 주었다.)

이 두 민족은 영원이라는 개념 속에서 자신들이 발 딛고 선 땅을 생각했다. 유대인들은 예루살렘에서 메시아를 기다렸고, 그리스인들은 아테네에서 지식을 꽃 피운다고 생각했다. 하지만 이는 오산이었다. 이들은 머지않아 로마라는, 자신들보다 더 강력한 정복자들에게 패배했다. 로마는 유대 그리스식 미래관을 자기들 나름의 방식으로 수용했다. 뒤에서 보게 되겠지만, 패배자가 자신들에게 패배를 안겨준 정복자의 영혼을 정복하고, 정복자에게 자신들이 품고 있던 모더니티 개념을 일정 기간 동안 강제하는 현상은 이번이 처음도 마지막도 아니다.

영원한 진보를 꿈꾸는 로마

—

로마라는 세계는 다양한 우주발생론, 신화, 타키투스에서 티투스 리비우스에 이르는 역사가들, 베르길리우스에서 보이티우스에 이르는 시인들, 세네카에서 플로티노스를 아우르는 철학자들의 글을 통해서 그리스의 모더니티를 이어받아 자신의 것으로 만들었음을 입증해보였다. 플로티노스는 서기 3세기에도 여전히 자의식과 개인적인 삶(인도에서는 "충만한 의식"이라고 부르는 것)의 위대함을 변호했다(그가 쓰고 훗날 "아리스토텔레스의 신학"이라는 제목으로 한데 묶인 《엔네아데스》의 마지막 세 편을 보면 그렇다).

인류는 어떻게 진보하는가

자주, 내 몸을 벗어나 모든 것에 이방인처럼 느끼며 오직 나 자신과 만나는 내밀함 속에서 잠을 깨면서, 나는 더 이상 멋질 수 없는 아름다움을 본다. 나는, 그럴 때면 특히, 내가 우월한 운명에 점지되었으며, 나의 활동이 생의 가장 고귀한 정점임을 확인한다.

군대 중심 사회였던 로마는 그리스, 이스라엘, 유럽 전역과 그 너머에 이르기까지 알렉산더 대왕이 미처 못 이룬 꿈을 자기 것으로 삼아 종횡무진 세력을 확장해나간다. 로마인들도 그들의 선배들과 마찬가지로 자신들의 세계가 영원히 계속될 것이라고 확신했다. 실존을 예찬하는 것만으로 만족하지 않은 그들은 로마를 세계의 수도로 삼고자 했다. 그러기 위해서 그들은 모더니티라는 개념에 적어도 두 가지 중요한 차원을 더했다. 바로 중앙집권주의와 도시계획이다. 도시를 방어하기 위해 그들은 매우 정교하고 복잡한 정치체제를 고안했다. 그들이 자랑하는 군대의 이미지에 어울리는, 중앙집권화 되고 무수히 많은 전진기지를 갖춘 강력한 국가가 바로 그 체제였다. 또한 안락한 삶을 위해 그들은 각종 도로 설비, 하수도, 수로, 9층 정도의 건물, 수영장, 온천, 냉장실 등을 발명했다.

이들이 이룬 진보는 신속하고도 놀라웠다. 기원전 312년, 감찰관 아피우스 클라우디우스의 지휘로 세워진 최초의 수로는 기술적으로 볼 때 재앙에 가까웠다. 그러나 그로부터 170년이 지난 후 마르키우스 렉스가 건설한 마르키아 수로는 외지에서 온 물을 로마로 끌어들이는 것은 불경한 짓이라는 반대파들의 주장에도 불구하고 보란 듯이 로마 언덕까지 물을 공급하는 데 성공했다.

진보는 거기서 멈추지 않고 계속되었다. 한 세기 후, 위대한 건축가 비트루비우스는 거꾸로 세운 사이펀siphon의 활용이나 수경성 콘크리트 제조 방식 등을 상세하게 기술했으며, 건축의 성공을 좌우하는 견고성firmitas, 활용성utilitas, 아름다움venustas이라는 세 가지 기준을 정의했다. 그가 제시한 이 기준은 오늘날에도 여전히 유용하다. 이렇게 해서 모더니티의 새로운 개념, 즉 로마인들이 영원불변이라고 생각한 로마의 위대함과 로마가 누리는 보편적인 권력이 뿌리를 내린다.

이제 로마의 지배를 받는 유대 세계 내부에서 새로운 종교적 교리가 형성된다. 이 교리는 유대 그리스식 사고방식의 로마식 버전의 연장선상에 있다고 해도 과언이 아니다. 이에 따르면 예수와 그의 부활을 믿으며 자신의 부활을 희망하는 것이 모던한 것이다.

한 개인의 구원은 은총에 달려 있으며, 은총은 어느 누구의 손에도 달려 있지 않다. 기독교 교회는 유대식 일신교와 그리스신화식, 로마식 보편주의를 한데 모아 융합시킨다. 이렇게 해서 신앙 지향적 모더니티가 실존 지향적 모더니티의 뒤를 잇게 된다.

2

신앙의 지배 속에서
피어난 이성

신앙 지향적 모더니티, 4세기—14세기

그 후로 이어지는 10세기 동안 유럽 전역에서는 기독교 교회와 봉건적이고 군사적인 엘리트들이 모더니티에 관한 지배적인 개념을 장악하며 이를 통해 자신들의 정당성을 확보해나간다. 유럽을 제외한 다른 일부 지역에서는 이러한 현상이 이보다 더 오래 지속되기도 한다. 이들에게는 교회를 신봉하며 교회의 이익을 위해 봉사하는 것, 혹은 봉건 권력의 확고한 기반을 다지기 위해 이를 이용하는 것이 모던한 것과 동의어였다. 모던한 것, 즉 현대적인 것이란 앞으로 이 세상에 올 구세주의 승리, 속죄와 부활을 인류의 유일한 미래 비전으로 믿거나 혹은 믿는 척 하는 것이었다. 이제 실존과 논리, 개인의 자유는 미래에 도달해야 할 목표가 아니었다. 목표는커녕 오히려 물리쳐야 할 적으로 전락하고 말았다.

유대식, 그리스식, 로마식, 기독교식뿐만 아니라 다른 여러 다양한 사고가 혼합된 용광로 속에서 훗날 모더니티의 세 번째 개념이 태어날 것이다. 오래도록 소수자의 입장에서 배척당하게 될 이 개

넘은 오랜 세월이 흐른 후, 정확하게 말하자면 19세기에 이르러서야 다수의 입장으로 군림하게 될 것이다. 바로 이성 지향적 모더니티이다.

모데르누스

서력 기원이 시작된 직후 로마제국이 점진적으로 기독교화 되기 시작하면서 "모더니티"(이 용어 자체는 당시 어떤 언어에서도 아직 존재하지 않았다), 다시 말해서 미래에 대한 개념 혹은 미래 비전에는 질적인 변화가 일어난다. 폭력에 질린 로마의 엘리트 계급에게는 그렇게 하는 것이 유리했기 때문이었다. 황제들도 여기에 동조했는데, 이는 십중팔구 가까이 지내는 주위 인사들에게 동조했기 때문인 것으로 보인다.

로마식 보편주의는 모든 권력이 로마(그 후에는 라벤나, 비잔틴)로 집중되는 교회식 보편주의로 변한다. 교회는 권력을 공고히 하기 위해 로마제국과 군대에서 통용되던 모든 규칙을 그대로 답습한다. 중앙집권적인 지휘 체제 하에서 각 영토로 사절단을 파견하는 피라미드식 조직이 지속된 것이다. 심지어 교회의 수도마저 로마에 두었다. 이미 로마식으로 동화된 그리스 종교의 몇몇 요소들에 대한 재전유再專有도 활발해져서 무수히 많은 신들이 "성자saints"라는 이름으로 다시 등장한다. 또한 교회는 자신이 섬기는 신과 유대인들이 섬기는 신의 정체성이 일치한다는 사실을 받아들이기 어려워 주저하면서도 유대식 일신교도 받아들인다.

기독교 교회는 세속적인 학문 연구, 특히 그리스와 로마 철학자들의 자유분방한 독서에 비난의 눈길을 보낸다. 심지어 성서, 그중에서도 특히 그리스어로 번역된 토라를 "구약성경"이라는 경멸적인 표현으로 부르며 이를 읽는 행위에 대해 반감을 감추지 않는다. 교회는 지식, 그러니까 영적 인식을 의미하는 그노시스gnosis를 몇몇 전문가들에게만 제한한다. 교회는 이전 시대보다 기독교 시대가, 구약보다 신약이, 논리학보다 신앙이 우월하다는 것을, 그리고 창조에 대한 속죄renovatio를 끊임없이 확인시켰다.

교회는 미래에 대해서라면 유일하게 신앙 안에서의 희망이라는 개념만을 용납했다. 오직 구원의 추구, 선택받은 자들에게 약속된 영생만이 중요할 뿐이다. 미래에 대한 개념으로서의 실존은 더 이상 존재하지 않는다. 이제부터 모던한 것은 기독교 신앙의 보편화, 즉 그리스도의 부활에 대한 믿음, 죽은 자들이 속죄하고 부활하는 시간에 대한 기다림과 동의어가 된다. 사랑만이 유일하게 가치 있는 미덕으로 간주된다. 청빈하고 가난한 삶은 구원을 위한 유일한 길이므로 모든 부를 교회에 맡겨야 한다. 이제 모든 권력, 특히 군주와 그들이 거느린 군대의 권한은 교회를 위해 봉사해야 마땅하다.

모더니티는 더 이상 인간의 진보를 통해 이루어지는 것이 아니라 지상에서 사후의 삶을 준비하는 과정에서 찾을 수 있다. 그러므로 민간 사회의 역할은 인간의 영역을 신의 영역에 종속될 수 있도록 조직하는 것이다.

5세기에 들어와 알제리 출신 철학자이자 신학자이며 히포레기우스의 주교로 훗날 교회의 네 명의 교부 중 한 명으로 추앙될 아우구스티누스는《신국론》에서 인간의 정의가 비록 신의 정의와 독립적이기는 하나 그래도 거기에 종속된다고 설명했다. 그는 또한 인간의 권리는 우연적이므로 보편적인 신의 정의를 실현하는 데에는 무력하다고 덧붙였다.

자유와 논리학, 부, 기술 등은 더 이상 가치를 인정받지 못했다. 물질적인 진보는 영적인 진보의 적으로 간주되었다. 새로운 것에 대해서라면 경계하는 분위기가 만연했다. 혁신은 더뎌지고, 중요한 기술들은 기억에서 사라졌다. 신앙 지향적 모더니티는 이렇게 시작된다.

현대화, 곧 모던하게 만드는 작업은 모든 민족을 기독교로 개종시키는 것으로 한정된다. 이에 따라 풍습은 남성 우월주의의 독재 하에서 엄격하게 통제된다. 그리스인들과 로마인들이 실존의 행복으로 이해했던 성생활은 이제 악의 힘이 인간을 유혹하는 하나의 구속이 되어버렸다. 성생활은 자손을 번식해야 할 필요를 충족시키는 수단으로 역할이 제한되었기에 사람들은 그 역할을 수행하는 즉시 유혹에서 빠져나와야 했다. 일부일처제, 아버지의 주도 하에 이루어지는 강제 혼인, 이혼과 근친상간 금지 등은 이전 시대에 허용되었던 풍습들을 억압했으며, 사유재산과 권력이 교회의 이익을 위해 교회에 보다 직접적인 방식으로 전달되는 데 기여했다. 교회만이 권능과 영광을 받아야 한다는 단 한 가지 목표 하에서 유일하게 부를 축적할 수 있는 권한을 부여받았다. 이러한 권력 이양을 지지하는 군주들은 그 과정에서 광대한 영지를 확보했다.

의복은 이 같은 미래관의 변화를 고스란히 반영한다. 유럽은 박음질된 옷(주로 추운 지역에서 이동하는 기마민족들과 유목민들, 즉 로마를 침략한 야만인들에게 어울리는 복식)을 택했다. 이로써 자연스럽게 떨어지는 주름 옷(더운 나라에 어울리며 특히 로마에서 유행하던 복식)은 폐기되었다. 권력자들은 여전히 남자든 여자든 아래 위가 붙은 풍성한 의상을 착용했으나, 형태만큼은 거의 일정하게 유지되었고, 길이도 오랜 세월에 걸쳐 아주 미세한 정도만 변화했다. 이는 곧 개성보다는 엄숙한 익명성을, 부의 과시보다는 거부를 상징한다고 볼 수 있다.

5세기 무렵 모데르누스modernus라는 단어가 처음으로 라틴어에 등장한다. 이 단어는 "최근에", "방금 마무리된 시대에"를 뜻하는 라틴어 부사 모도modo 또는 "오늘의"를 뜻하는 그리스어 모도스modos에서 파생되었다. "모데르누스한 것"은 "최근의 것"을 뜻하며, 중성적이라기보다는 부정적인 뉘앙스를 띄었다. 한편 호디에르누스hodiernus는 "오늘(라틴어로는 hodie)의"를 의미했다. 이제 모던한 것의 개념은 하나로 고정되어버렸다. 이와 같은 변화에서는 어쩐지 수상한 기미가 감지된다.

496년에 거행된 클로비스의 세례는 말하자면 교회가 로마제국의 잔재를 나누어 가진 모든 왕과 황제들에게 자신의 교리를 강요하겠다는 언약 의식에 해당된다. 같은 시기에 교황 젤라시오 1세는 "이 세계를 이끄는 두 개의 중심 권력이 있는데, 성직자들이 주도하는 성스러운 권력과 왕들이 장악하고 있는 세속적인 권력이다"라고 말했다. 또한 성자 바울이 한 말로 전해지는 다음과 같은 표현이 당시 자주 인용되곤 했다. 앞으로 도래할 시간은 "새로운 인간을 탄생시키기 위해 늙은 사람을 벌거벗기는 데 사용되어야 할 것이다."

이성에 관대했던 이슬람
—

7세기에 아라비아 반도에 등장한 이슬람은 새로운 일신교 계시로서 신앙 지향적 모더니티에 있어서 전혀 새로운 형태로 인식된다. 이슬람은 앞서 유대교와 그리스 세계가 그랬듯이, 과학적인 지식을 포함한 모든 이성적이고 합리적인 지식이 이 새로운 계시와 상반되지 않는다는 주장을 밀고 나간다. 세계를 이해하려는 시도는 예언자 무함마드가 바라는 바에 역행하는 것이 아니라는 말이다. 《코란》에서는 지식의 진보를 추구하고 물질적인 삶을 향상시키는 걸 금지하지 않는다. 예언자 자신이 "과학이 궁극적으로 기도보다 유용하다", "악마에게 대항하는 데 있어서 과학을 하는 단 한 명의 인간이 천 명의 맹신자들보다 훨씬 영향력이 크다"라고 말하지 않았던가.《코란》은 우주, 즉 "의미심장한 예술 작품"을 해독하라고 촉구한다. 이를 위해 아리스토텔레스의 발명품인 논리학의 힘을 빌리는 것을 허락한다.《코란》이 함축하고 있는 보수적인 풍습이라는 제한적인 울타리 안에서나마 인간의 진보가 다시금 미래의 한 축을 형성하게 된 것이다.

더구나 알 킨디 같은 이슬람권 최초의 철학자들은《코란》이 아니라 그리스 사상에서 출발하여 진리를 탐구해야 한다고까지 역설한다.

비록 부분적인 진리에 대해서는 알지 못했을 지라도 그들(그리스인들)은 자신들조차 전체적으로 파악할 수 없었던 진리로 우리를 이끌어줄 수 있는 길이자 수단이다…….

그로부터 반세기 후, 이슬람권이 낳은 또 다른 철학자 알 파라비는 지적 사색과 구원에 관한 성찰을 분리시킬 필요가 있다고 주장한다. 그사이 그리스 사상은 최초의 이슬람 군주들과 더불어 안달루시아까지 확산된다. 의사 이븐 주르(혹은 아벤조아르), 지리학자 알 이드리시는 각각 그들의 전문 분야를 발전시켰다. 철학자 이븐 바지아는 과학적 금욕주의만이 신에 이르는 유일한 길이며, 과학은 직관적이 아니라고 주장했다.

하지만 이슬람도 기독교와 마찬가지로 칼을 들이미는 포교를 중시했다. 따라서 이슬람 신앙만을 모던한 것으로 인정했다. 이슬람은 한 세기가 채 안 되는 기간에 마그레브에서 페르시아, 이베리아 반도에서 박트리아 너머까지의 광대한 지역을 장악했다. 인류 전체를 이슬람교도로 만들겠다는 것이 이슬람식 미래 비전이었다. 이슬람의 본부가 자리 잡은 메카는 말하자면 로마와 쌍벽을 이루는 곳이었다. 로마와 메카, 이 두 곳 모두 예루살렘이 되고자 경쟁을 벌였다.

허나 당시 기독교 사상가들과 달리, 아랍과 페르시아 출신 철학자들(이들은 이슬람교도가 되었다)은 한동안이나마 수학자들과 더불어 우주의 본질에 대해 논쟁을 벌일 수 있었다. 왜냐하면 이슬람에 따르면 천사 가브리엘에 의해 예언자 무함마드에게 계시된 진리는 학자들에게도 역시 계시되었기 때문이었다. 이러한 관용 덕분에 아랍인들이 예루살렘을 정복한 638년부터 알 무와히드 왕조가 이베리아 반도를 장악한 12세기 초반까지 기독교인들과 유대인들은 이슬람 땅에서 자신들의 신앙을 유지하고 율법을 연구할 수 있었다. 물론 이들을 둘러싼 주변 환경이 점점 더 모멸감을 주는 적대적인 환경으로 변해갔음은 부인할 수 없는 사실이다.

9세기, 이슬람 세력에 편입된 바그다드에서는 과학 연구가 여전히 장려되었다. 최초의 대학들(이슬람권에서는 아테네의 아카데미아를 본받은 대학들이 설립되기 시작했으며, 기독교 세력 하의 유럽에서는 대학의 출현이 이보다 훨씬 늦었다)에서는 아리스토텔레스, 플라톤, 에우클레이데스는 물론 천문학, 의학도 가르쳤다. 수학자들은 그리스식 우주 법칙(질서)을 보다 정교하게 가다듬어 수학적인 용어로 재구성했다.

이렇게 해서 이슬람 세계에서는 천문학, 대수, 원추 이론, 비점근선 이론 등의 필요성이 대두되었다.

교회의 군림

서기 1000년에 이르렀지만 기독교 교회는 여전히 유럽 거의 대부분의 지역에서 영적인 차원, 즉 신앙을 통해서만 그리고 모든 부를 교회에 이양해야만 인간의 존엄성이 완성될 수 있다는 사고를 강요했다. 그러면서도 기독교 교회는 유대식 일신교와 그리스식 다신교, 로마식 권력 구조를 멋지게 통합하는 데 성공을 거두었다.

하지만 플랑드르 지역이나 이제 막 태동한 신성로마제국, 이탈리아, 프랑스 등지의 주요 항구들과 시장에서는 상업 경제가 비약적인 발전을 거듭하는 중이었다(프랑스는 다른 곳에 비해 발달 정도가 상당히 낮기는 했다). 상품들은 이 사람에서 저 사람으로 손을 바꿔가며 유통되고, 돈을 빌려주고 돌려받는 일도 흔해졌다.

기술 발전으로 농민들이나 수공업자, 뱃사람들의 생활 방식은 획기적으로 달라졌고 사고방식 또한 합리적으로 변해갔다. 물물교환은 화폐의 사용으로, 노역은 봉급으로, 지대는 이윤으로 대체되었다. 대출은 감수해야 할 위험에 대한 합리적인 예측을 필요로 하게 되었다. 이처럼 시장경제의 씨앗은 당시 지배적인 경제체제 속에 슬금슬금 스며들었다. 엘리트들은 이제 교회의 승리만을 유일한 목표로 생각하지 않게 되었다.

이와 더불어 새로운 유형의 인간이 출현했다. 세계의 물질적 향상을 지상 과제로 삼는 이 새로운 부류의 인간은 사제도, 전사도, 농부도 아니다. 새로운 인간은 기업가나 상인, 요컨대 부르주아였다. 그는 부르(burgh, 자치 도시)에 사는 자유인이며 사회에 대한 혁신적인 개념을 옹호했다. 그가 생각하는 사회는 더 이상 씨족이나 부족 혹은 서열을 이루는 가족이나 영주에게 복종하는 농노 등으로 이루어진 사회가 아니라, 자유로운 가운데 합리적으로 생각하는 개인들이 연합하거나 경쟁하는 사회였다. 부르주아는 주교와 영주에게 맞서 자신의 입지를 공고히 다졌다. 종탑과 망루, 이동식 시계탑으로 상징되는 세 개의 권력이 경쟁 관계에 돌입한 것이다.

이 시기 서양에서 몇몇 사상가들은 신성모독을 범하지 않는 한도 내에서 그리스식 사고를 참고하는 위험을 감수했다. 그들은 신앙이 이성, 경험과 양립할 수 있음을 입증해보이려 부단히 노력했다. 기독교에서 유대식 사고와 그것이 내포하는 물질적 진보에 대한 긍정적인 시선은 거의 본질적으로 배제되었다. 반면 그리스식 사고는 아라비아의 이슬람이 이베리아 반도로 건너와 코르도바를 이슬람화 하고, 기독교 신앙이 점령한 톨레도, 유대교 색채가 강한 나르본을 거쳐 비잔티움과 베네치아를 통해 서양 세계에 본격적으로 진입하는 과정을 거치면서 슬며시 회귀한다.

서기 1000년 무렵 오리악의 제르베르, 일명 교황 실베스트르 2세는 스페인으로부터 0을 도입한다. 인도에서 발명된 숫자 0은 페르시아 수학자들에 의해 코르도바를 포함한 이슬람권 전역에 이미 알려진 상태였다. 1103년, 프톨레마이오스의 《천문학 집대성Megal Syntaxis Mathematik》이 아랍어 판본을 통해 "알마게스트Almageste"라는 제목으로 유럽 기독교 세계에 전파된다. 9세기에 콰리즈미가 키바에서 쓴 "대수학Al-Jabr", 좀 더 정확하게 말하면 《복원과 대비의 계산 개론Kitab al-jabr wa'l-muqabalah》은 12세기가 되어서야 영국 출신 아랍학자 체스터의 로버트Robert of Chester에 의해 아랍어에서 라틴어로 번역되었다. 에우클레이데스의 《원론Éléments》 역시 아랍어 판본으로 유럽에 전파되었는데, 아마도 배스의 아델라드Adelard of Bath에 의해 시칠리아에서 1150년경 라틴어로 번역되었을 것이다. 그렇다고 해서 그리스 사상이 그 자체로 높이 평가받은 건 아니었고, 다만 연구와 실험할 권리를 정당화하는 수단 정도로 인정되었다고 볼 수 있다.

한편 농경 재배나 목축, 물레방아 운용, 항해, 선박 제조 등의 분야에서는 괄목할 만한 물질적 혁신이 이루어진다. 이러한 혁신 덕분에 사람들의 생활이 눈에 띄게 개선되면서(특히 이탈리아와 북유럽 지역에서) 인간의 활동에 대한 엄청난 신뢰가 쌓였다. 이론가들은 미학과 감수성 영역에서도 예술가에게 자율적인 역할을 부여하는 새로운 시기가 도래했음을 선언했다. 예술가들은 이제 교회를 위해 봉사하는 익명의 장인이 아닌 자신만의 뚜렷한 정체성을 지닌 명실상부한 예술가가 되기를 원했다.

그리스 시대 이후 줄곧 금기시 되었던 질문들이 암암리에 다시금 제기되기 시작했다. 신성모독을 피하면서 우주의 생성에 관한 진리를 탐구하거나, 메시아의 강림을 기다리지 않고 속세에서 인간의 운명을 개선하는 일은 가능한가? 고대 철학자들, 그중에서도 특히 아리스토텔레스의 성찰을 일신교와 화해시킬 수 있는가? 인간의 자유는 전지전능한 신과 양립 가능한가? 인간은 지상에서의 미래 비전을 세울 수 있는가? 유럽에서는 이 같은 질문을 제기했다는 이유로 여전히 많은 사람들이 교회의 명령에 따라 산 채로 화형에 처해졌다.

모데르니타스modernitas와 모드mode라는 용어가 처음 등장했다. 전자는 모데르니우스modernius에서, 후자는 '지금, 최근에'라는 뜻을 지닌 라틴어 부사 모도modo에서 각각 파생했다.

훗날 이성이 거두게 될 승리는 교회의 구석구석에서 감지되기 시작했다. 12세기 초, 파리의 신학자이자 신비주의 작가였던 위그 드 생빅토르Hugues de Saint-Victor는 아우구스티누스가 미래의 저주받은 자들을 위한 하찮은 "치료이자 위안"이라고 폄하한 예술과 지식의 긍정적 가치에 대해 역설했다. 그의 뒤를 이어 파리 생빅토르 수도원의 수장이 된 리샤르 드 생빅토르Richard de Saint-Victor는 심지어 기계학 수업을 논리학이나 윤리학과 대등한 위치에 두고자 했다.

그러나 이 시기에 모더니티란 본질적으로 여전히 교회가 앞장서서 고수하며 세계적으로 강요하는 신앙 지향적 모더니티라는 테두리 안에 머물렀다. 교회는 필요하다면 완력을 이용해서라도 이를 지켰다.

이성이 이슬람 세계를 가로지를 때

—

그러는 동안 이슬람과 유대교는 물질적 진보에 희망을 걸었고 이를 달성하기 위해서 이성을 믿고자 했다.

12세기 초, 동방에서 예루살렘과 코르도바 등을 다시금 기독교화 하겠다는 야망을 품은 십자군 전쟁이 시작될 무렵이었다. 유럽인이자 무슬림이며, 의사이자 법관, 철학자이자 문필가인 이븐 루시드(서양에서는 그를 "아베로에스"라고 부른다)는 아리스토텔레스를 그의 절대적 스승으로 추앙했으며, 이성적인 것과 계시된 것은 둘 다 똑같은 진리를 나름대로의 방식으로 말할 뿐이라고 설명했다. 예를 들어 그는 태양은 지구보다 160배나 더 크다는 사실처럼 반反직관적인 개념들을 이해하게 해주는 기하학을 모르고서는 천문학을 이해할 수 없다고 말했다.

또 그는 생각하는 즐거움, 배움을 향한 열정이 주는 즐거움에 대해 이야기했다. 비록 독재 치하에서라도 그 즐거움은 여전하다는 것이다. "생각하는 건 곧 사는 것이며, 우주와 하나가 되는 것이다." 그러니까 생각한다는 것은 "세계를 존재하도록 하기 위해 세계를 생각하는 신"과 마찬가지의 일을 하는 것이다. 이븐 루시드는 "생각하는 인간은 신이 존재하며 모든 존재들을 알고 있다는 의미에서 신과 동류로 간주할 수 있다. 왜냐하면 존재들과 그들의 존재 이유는 신의 과학과 다르지 않기 때문"이라고 감히 말한다. 그는 또 다음과 같이 멋진 글귀도 남겼다.

신이 자신의 고유한 본질을 파악하면서 맛보는 기쁨은 우리의 지성이 자신의 고유한 본질을 파악할 때, 다시 말해서 지성이 그의 권능을 벗어버릴 때 우리가 느끼는 기쁨에 버금간다. 우리에게는 아주 짧은 시간 동안 존재하는 것이 신에게는 영원히 지속된다.

모더니티는, 이성의 미래적인 의미에서의 모더니티는 다시금 앞으로 나아간다. 그러나 살아생전에 이슬람에 의해 이미 검열되었던 이븐 루시드의 사상은 1149년 코르도바를 비롯해 나머지 이슬람 제국 전역에서 권력을 쟁취한 왕조들에 의해 완전히 은폐된다. 이로써 이슬람 세계에서도 신앙 지향적 모더니티가 군림하게 된다.

그로부터 10년 후, 같은 곳에서 마이모니데스가 태어난다. 그는 아랍어로는 "무사 이븐 마이문", 히브리어로는 "랍비 모세 벤 마이몬"이라고 불린다. 아리스토텔레스를 숭배한 마이모니데스는 "논리학은 역사의 윤리를 보장하지는 않는다. 신앙과 이성은 두 가지 모두 신성한 피조물이므로 양립 가능하다"고 역설했다. 그는 "바다가 물로 가득 찬 것처럼 이 땅이 온통 신에 대한 인식으로 가득 차는 날이 올 것"이라고 말했다. 그에게는 지식이 미래 비전의 핵심이었다. 또한 부활을 준비해야 할 뿐 아니라 인간의 유한성이라는 비극을 인정해야 하며, 이성을 통해서 자유를 키워나가도록 힘써야 한다고도 말했다. 본질적으로 자유가 추상적일 수밖에 없는 신앙에 역행한다고는 할 수 없는데, 그 이유는 인간들이 인식에 도달하기를 신이 소망하기 때문이라고, 그는 말했다.

이븐 루시드와 마이모니데스는 살아생전에는 남들에게 인정받지 못하고 수세에 몰렸으나, 후대에 모더니티의 의미가 진화해감에 따라, 기독교의 위대한 사상가들을 자기들 편으로 만드는 과정에 지대한 영향을 끼치게 된다. 물론 그렇게 되려면 아직 수 세기를 기다려야 할 것이었다. 상인들이 몇몇 장소에서 제한적으로나마 교회와 봉건 세력에 맞서서 자신들의 권리를 수립하는 날이 올 때까지.

자유롭게 생각할 권리의 귀환
—

얼마 후 파리, 툴루즈, 파도바, 몽펠리에 등지에 있는 기독교 최초의 대학들에서 이 주제를 두고 열띤 논쟁이 벌어졌다. 당시 대학들은 교황의 주도 하에 교회법을 가르치기 위해 설립되었고 오직 신학 교육이라는 임무만을 위해 존재했다. 하지만 개교한 지 얼마 되지 않았을 때부터 지나친 교조주의에 대한 불만의 목소리가 높아졌다.

위에서 언급했던 영국 출신의 베네딕트 수도회 소속 사제 배스의 아델라르는 프랑스에서 가르치고 있는 '비체계적인' 교리와 합리적인 지식 체계를 수립하려는 아랍인들의 노력을 대비시켰다. 파도바나 파리 등 몇몇 대학에서는 머지않아 비밀리에 아리스토텔레스와 세속법을 가르치기에 이르렀다. 그러자 로마가 개입하여 교회

법만 가르칠 것을 종용했다. 로마는 그렇게 하지 않을 경우 파문도 불사하겠다는 입장이었다. 그래도 소용없었다. 1215년, 파리에 온 교황의 특사는 파리 신학대학에서 아리스토텔레스를 가르치는 것을 금지한다는 종래의 입장을 다시 한 번 확인시켜주었다. 이는 곧 금지된 작품들이 그곳에서 토론의 대상이 되고 있었음을 반증한다. 아주 사소한 신성모독이라도 죽음을 초래할 수 있기에 그러한 토론을 벌이려면 대단한 용기가 필요했다.

같은 해 런던에서는 대변혁이 일어나 영주들의 권력에 맞서 백성들을 보호하려는 움직임이 처음으로 조직되었다. 제후들과 잉글랜드 존 왕 사이에서 벌어진 짧은 내란 후 제정된 마그나카르타 Magna Carta(캔터베리 대주교 스티븐 랭턴Steven Langton이 더블린 대주교이자 교황인 이노첸트 3세의 특사의 도움을 받아 작성)는 임의적인 왕권을 제한하고 하베아스 코르푸스habeas corpus, 즉 "중신들이나 국가의 법에 따른 판단에 의하지 않고는" 모든 인간의 자유를 강탈하거나 제한하는 것을 금지했다. 누구도 왕권이나 이를 위임받은 자들의 이익을 위하여 이유 없이 속박당하거나 수감되거나 약탈당하거나 벌금을 물거나 상속권을 박탈당하지 않게 되었다는 말이다.

인간의 의무는 곧 권리가 되었다. 하지만 여전히 이성의 승리를 외칠 정도는 아니었다. 교회는 왕권의 일부마저 차지하게 되기를 내심 고대했다. 1234년, 교황 그레고리오 9세는 자신이 다른 모든 왕들보다 우월함을 천명했다. "하늘에 두 개의 주요 항성이 있듯이 신은 이 세계에도 두 가지 권위를 정립했다. 바로 교황의 권위와 왕권이다." 태양이 달보다 우월한 것과 같은 이치로 "주교들은 군주들에게 복종할 필요가 없으며 오히려 그들을 복종시켜야 한다."

교회와 교회를 지지하는 봉건 세력들은 늘 진보라는 낙관주의에 맞섰으며, 그리스와 로마의 문필가들을 지칭할 때는 "고대인antiqui"이라는 다분히 경멸적인 용어를 써가며 그들을 이단자로 간주했다. 유일하게 가치 있는 희망인 '속죄'로부터 인간들을 멀어지게 한다는 이유에서였다. 그들 눈에 모든 지식과 창조는 신의 업적이었다. 1세기 전쯤 프랑스의 문법학자 기욤 드 콩슈Guillaume de Conches는 당시 유럽 전 지역에 만연한 기독교 추종 정신을 반영하기라도 하듯 《티마이오스 해설서Commentarius in Timaeum》에서 "모든 업적은 창조주의 업적이거나 자연의 업적 또는 자연을 모방하는 예술가의 업적"이라고 말했다.

하지만 일부 기독교 신학자들은 합리적이고 이성적인 사고의 도래가 돌이킬 수 없는 대세임을 직감했다. 이들은 기독교가 이러한 사고를 받아들여 자기 것으로 만들기를 희망했다. 이를 위해 이성과 양립 가능한 교리를 제시하고자 했다. 13세기 바이에른 지역 도미니크회 소속 수사 알베르투스 마그누스Albertus Magnus는 자연현상을 설명하기 위해 반드시 기적이 필요하다는 식의 믿음을 거부했다. "나는 물리학을 연구할 때 기적에는 관심을 두지 않는다." 모든 수수께끼 같은 사건 뒤에는 신의 섭리가 개입한다고 믿는 것이 자연스러운 시대였음을 감안할 때, 그의 이러한 태도는 여간한 배짱이 아니고는 불가능한 태도였다.

알베르투스 마그누스의 나폴리 출신 제자들 가운데 한 사람으로 역시 도미니크회 소속이었던 토마스 아퀴나스는 아예 드러내놓고 명백히 그리스 사상을 복권해 기독교 신학에 접목시켰다. "이교도 철학, 그중에서도 특히 그리스 철학을 업신여겨서는 안 되며, 세계를 이해함에 있어서 그 철학이 낳은 결과 또한 경멸해서는 안 된다." 이는 모더니티에 관한 기독교식 개념이라는 관점에서 보면 대단히 혁명적인 발상이었다. 자유롭게 생각할 권리의 귀환이라고도 할 수 있는 일대 사건이었다.

토마스 아퀴나스는 사실상 아리스토텔레스와 더불어 신앙과 이성이 결코 같은 대상이 될 수 없음을 인정한 것이나 다름없다. 신앙 행위는 계시를 믿는 것으로 환원되는 반면, 이성은 감각적인 경험에 의해 주어진 것에서 출발한다. 인식 행위는 실재적인 것을 해독해냄으로써 보편적인 개념에 도달한다. 이성은 감각적인 것이 어떻게 '조직되는지'를 이해하고 '완벽하게' 인식하도록 이끌며, 정신을 일깨우고 신앙을 돕는다. 신앙은 이성을 거스를 수 없다. 이성과 신앙 둘 다 신으로부터 유래하기 때문이다. 과학은 신앙의 증거가 될 수 없는데, 이는 과학이 본질적으로 임시적인 것이기 때문이다. 지식은 연구의 대상이 영적인 것인지, 물질적인 것인지에 따라 믿음이나 경험에 토대를 둔다. 모든 인간들 사이의 관계를 조율해야 하는 법은 만인이 공통적으로 타고난 자연적 이성의 영역에 속하므로 그리스식 지식을 활용할 수 있다. '자연법'은 '보편적인 의무'를 규정한다. 달리 말하자면 도덕은 기독교에 뿌리를 두고 있으나 법의 근원은 세속에 있다는 말이다.

토마스 아퀴나스에게 가장 좋은 정치체제는 왕정(물론 기독교 정신에 입각한 왕정)으로, 그는 귀족제와 평민 대표들의 참여로 온건화된 왕정을 지향했다. 그는 평민과 교회가 일시적인 권력보다 항상 우월하며 특히 독재자 왕을 전복시킬 수도 있을 만큼 막강하다고 생각했다. 그렇다고는 해도, 그보다 더 앞으로 나아가는 건 말도 안 되는 일이었다. 교회는 여전히 인류의 운명에 대해 교회가 제시하는 개념에 감히 반기를 드는 자들을 감시하고 파문하고 고문하고 화형에 처했다. 교회는 심지어 종교재판이라는 끔찍한 수단까지도 발명했다.

기계 기술의 진보

—

14세기 초, 기술의 진보를 두고 지금보다 나은 미래를 예고하는 새로운 것이라는 인식이 점점 더 널리 확산되기 시작했다. 수도원도 이러한 현상에 동참했다. 이제 농경은 기계 기술이라는 한결 합리적인 방식을 통해 이루어지게 되었다. 수력이나 풍력을 이용한 물레방아, 바퀴나 술바닥을 단 쟁기, 3모작 등이 이에 해당한다. 항해에서도 엄청난 발전이 이루어졌는데 브뤼허의 선미재 발명, 베네치아의 갤리 상선 발명 등이 특히 중요한 계기가 되었다. 로마 시대 이후 교회의 경계 속에서 잊혀졌던, 투명한 유리 제조 기술 같은 기술들이 다시금 등장했다.

국제적인 교류도 대대적으로 발전했다. 당시 옥스퍼드, 케임브리지, 파리 등지에서 후학을 양성하던 던스 스코터스John Duns Scot는 적시에 "많이 있는 곳에서 결핍이 있는 곳으로" 상품을 이동시키는 상업의 중요한 가치를 강조했다.

같은 무렵, 카탈루냐 출신의 신비주의자 라몬 율Ramon Llull은 《기본 교리Doctrina pueril》에서 "기계 기술"을 "자신의 몸을 사용해서 일을 하는" 인간에게 고유한 과학이라고 묘사했다. 그는 수도원 땅에 새로운 농사법을 도입함으로써 가능해진 진보를 예로 들었다. 고위 성직자, 기사, 군주, 부르주아들은 대장장이나 목수, 밭을 가는 농군들이 없다면 굶어 죽거나 얼어 죽을 것이라고 설명했다.

여성, 정념, 패션

—

그리스와 로마의 사상을 되살리고 싶었던 자들은 문학과 과학 분야에서 그리스인과 로마인들이 남긴 대표작들을 접하고 이를 통해 그들처럼 인간적인 사랑과 정념을 찬미하고자 했다. 고대에 심취한 자들은 '모던한 자들', 즉 신앙을 고집하고 추상적인 형식주의에 빠져 실존과 정념, 사랑 등을 알지 못하는 자들을 비판했다. 피렌체 출신의 단테는 《신곡》에서 베아트리체를 향한 그의 정념을 예찬했다. 교회는 이 서사시가 신학에 대한 은유로도 읽힐 수 있음을 간파했다. 그래서 피렌체에서는 교회에 반기를 들었다는 이유로 단테를 공격하면서도 발 빠르게 그의 작품을 이용했다. 단테의 친구들 중 한 명의 아들로 14세기 초 아레조에서 태어난 페트라르카에게 '모던하다'라는 형용사는 신학대학 또는 법학대학에서 가르치는 학문이나 '고딕 양식'을 경멸적으로 지칭하기 위한 용어였다. 그는 로르 드 노브Laure de Noves라는 여인에게 바치는 소네트와 마드리갈을 엮은 서정시집 《칸초니에레Il Canzonniere》 쓰기 위해 '모던한' 스타일을 멀리한다.

의상 역시 차츰 자유로워지면서 모더니티의 의미가 점진적으로 변해가는 데 일조한다. 이제 모더니티에서 지상에서의 새로움이나 관능 따위를 배제할 수 없게 된다. 프랑스 궁정에서는 1340년 발루아 왕조 초대 왕들의 치세가 시작될 무렵부터 성별과 지위, 나이 등에 따라 차별화된 복장이 등장했으며, 때와 경우에 따라서도 의복에 변화를 주기 시작했다. 유행은 출신국에서 인기를 얻고 있는 옷차림으로 임지에 부임하는 대사들이나, 각국 궁정을 다니면서 남녀 구별 없는 화려한 예식용 의상을 제작하는 데 필요한 귀한 소재들을 제공하는 상인들을 통해 유럽 전역으로 확산되었다. 살림 형편이 눈에 띄게 나아짐에 따라 이러한 유행은 유럽의 농촌 지역에서도 괄목할 만한 사회현상으로 급부상했다. 피에르 자케 엘리아스Pierre-Jakez Hélias는 그의 대표작 《교만한 말Le Cheval d'orgueil》에서 중세 퐁라베 지역(현재 프랑스 브르타뉴 지방의 피니스테르 남서부에 해당되는 이 지역에서는 오늘날까지도 전통이 명맥을 이어가고 있다)

의 의상이 어떻게 그 집단의 사회 조직에 반드시 필요한 정보를 제공했는지 소상히 묘사했다. 이들의 전통 의상에 들어가는 자수 장식의 많고 적음은 그 옷을 입은 남성의 사회적 지위를 드러내며, 벨벳 원단의 품질은 여성의 사회적 지위를 상징한다는 것이다.

교회는 자신에게 닥친 불운에 굴복하지 않았다. 이제까지 고까운 눈길로 바라보던 신기술, 진보, 세속적 혁신, 부르주아의 축재 등에 대해 관용적인 태도를 취하기로 결정한 것이다. 관용을 보이되 가능한 한 많은 것을 자기 것으로 만들었으며, 여전히 기독교적 미래 비전을 모두에게 강요하려는 야심도 버리지 않았다.

이 무렵 프랑스어에 "모데르느moderne"라는 말이 등장한다. 이때까지만 해도 이 말은 교회에 의해 정해진 대로의 현재, 다시 말해서 고대를 규정하는 "앙시앵ancien", 즉 구시대적인 것과 대립을 이루는 개념으로서의 현재를 의미했다.

이제 기독교 교리를 수호하는 모던한 사람들과 그리스 논리학을 옹호하는 구시대적 인물들 사이에서의 전쟁은 더 이상 은밀하고 암묵적이 아니라 대놓고 노골적으로 개시되었다. 이념이나 문학, 정치 등의 분야에서 치열하게 벌어지는 전쟁은 머지않아 전혀 예기치 않았던 양상을 보이게 되며, 결국 실존 지향적 모더니티도, 신앙 지향적 모더니티도 아닌 이성 지향적 모더니티라는 전혀 새로운 개념의 승리로 끝난다.

인류는 어떻게 진보하는가

3

구시대와
모던을 넘어서는 이성

신앙과 이성 지향적 모더니티의 투쟁,
15세기—17세기

15세기가 시작될 무렵 서양의 상당 지역, 특히 프랑스에서는 여전히 '모더니티'에 관해 기독교적인 개념, 즉 죄를 범한 과거에서 메시아를 기다리는 시대로 옮겨가는 과도기적 개념이 지배적이었다. 교회는 속세에서의 야심을 최소화하는 겸양을 강조하며 새로운 것을 거부하라는 식의 태도를 강요했다.

한편 프랑스 외에 브뤼허에서 베네치아, 제노아에서 뉘른베르크에 이르는 지역에 포진한 몇몇 항구와 시장 등지에서는 상품을 둘러싸고 모더니티에 대한 새로운 개념이 뿌리를 내리기 시작했다. 이는 "앙시앵", 즉 그리스와 로마 철학자들 같은 고대인들에게 물려받은 유산과 그 후에 이루어진 과학 기술의 진보에 근거를 두고 있었다. 상인들은 더 이상 자신들이 '한낱 죄지은 자에 불과하며, 축재는 불경스러운 신성모독이다. 그러므로 모든 재산을 교회에 바쳐야만 구원이 가능하다'는 식의 미래관이나 세계관 따위는 원치 않았다. 상인들은 주교나 영주들의 지시를 받지 않고 자신이 살고 있는 도시에서 권력을 행사할 수 있는 이성적이고 자유로운 세계를 꿈꾸었다. 이를 위한 투쟁은 머지않아 새로운 국면에 접어들게 되는데, 이성과 자유란 사실 밀접하게 엮여 있기 때문이다. 자유만이 이성을 활짝 꽃피울 수 있고, 이성만이 자유가 제대로 기능하도록 조직할 수 있다.

인쇄술에 대한 교회의 오판

—

유럽의 15세기는 화려하면서도 암울했다. 훗날 역사가들은 이 시기를 "모던한 역사"라고 부르게 될 것이었다. 일부 사람들은 이 시기가 1434년 얀 반 에이크가 브뤼허에 정착한 루카 출신의 부르주아인 아르놀피니 부부의 초상화를 그린 사건에서 시작되었다고 말한다. 초상화라는 분야가 탄생했고 상인들이 예술에 대해 영향력을 행사하기 시작했기 때문이라는 것이다. 그런가 하면 1453년 터키인들의 콘스탄티노플 점령을 로마 시대 마지막 잔재마저 사라진 사건으로 보는 시각도 있다(여기서 교황이 통치권을 요구했다는 점을 제외하면 원래의 로마제국과는 아무런 상관관계가 없는 신성로마제국은 고려의 대상이 아니다). 한편 유럽에 최초의 금속활자 인쇄술이 도입된 1468년을 "모던한 역사 시대"의 원년으로 삼는 이들도 있다.

금속활자 인쇄술은 당시 세계를 지배했지만 유럽에는 거의 알려지지 않았던 중국에서 도입되어 구텐베르크에 의해 혁신을 거듭했다. 덕분에 책을 제작하는 데 드는 비용이 현저하게 줄어들었다. 이 때문에 기독교적인 미래 비전을 옹호하던 자들은 오래지 않아 결정적인 승리를 쟁취할 것이라고 생각했다. 책값이 내려가면 성경의 보급이 한층 원활해질 것이고, 자연히 성경을 읽는 사람의 수도 늘어날 것이라고 짐작했기 때문이다. 또한 이들은 다른 종류의 책들(필연적으로 라틴어로 쓰인 책들일 것으로 그들은 생각했다)의 인쇄도 늘면서 잡다한 언어들이 자연스럽게 자취를 감추고, 그 이득은 고스란히 로마교회와 교황이 사제 임명권을 행사하는 신성로마제국으로 돌아갈 것이라고 예상했다.

그러나 현실은 이들의 예상과는 완전히 반대되는 두 가지 방향으로 전개되었다. 다양한 언어들로 인쇄된 책들이 삽시간에 쏟아져 나와 라틴어와 경쟁하게 되었고, 새로이 성경을 읽게 된 독자들이 성서에 대한 교회의 해석을 비판하기 시작한 것이다. 1492년에는 라틴어가 아닌 언어 중에서는 최초로 스페인어 문법책이 출판되었는데, 그해 그라나다에서는 유럽 최후의 이슬람 왕국이 무너졌고, 오토만제국이 동양 항로를 닫았으며, 크리스토퍼 콜럼버스가 일본 근처라고 믿었던 섬에 도착했다. 서양은 그들의 풍습과 제도가 지니는 상대성을 갑작스럽게 깨달았고, 그제야 비로소 인류역사에 대한 완전히 새로운 개념에 눈뜨게 되었다. 그러나 교회는 개종시켜야 할 새로운 종족들의 발견이라며 이를 아전인수 격으로만 해석했다.

합리적이고 정의로운 유토피아

—

1496년 파도바의 상원이 최초로 대학에서의 아리스토텔레스 강좌 개설을 공식적으로 허가하면서 투쟁은 가속화된다. 비록 엄청난 위험을 감수해야 할지라도 도전 정신은 점점 더 대담해졌다. 에라스무스는 1511년에 발표한 《우신예찬》에서 신학자, 교수, 수도승, 고위 성직자, 궁정 대신들을 비판했다. 독일 출신 주교이자 천문학자로 라몬 율의 제자였던 니콜라우스 쿠자누스Nicolaus Cusanus는 감히 우주의 무한함을 고찰했으며 공학도로서의 입장을 변호했다. 레오나르도 다 빈치와 수학자 지롤라모 카르다노Girolano Cardano도 그의 이러한 태도를 계승했다.

뿐만 아니라 진보의 방향을 제시하면서 동시에 진보의 역기능(특히 자기 땅을 소유하지 못한 농민들의 비참함)을 비판하는 수많은 문헌들이 유통되기 시작했다. 이러한 글들의 상당수는 앞으로 도래할 황금시대와 너무 완벽해서 변해야 할 이유가 없기에 신개념 모더니티의 완성판이라고 할 만한 완벽한 도시 등을 묘사했다.

영국에서는 후에 대법관이 되는 토머스 모어가 네덜란드에서 집필하고 1516년에 출판한 《유토피아》가 주목을 받았다. 이 책은 무엇보다도 영국 사회, 특히 땅을 소유하지 못한 농민들이 겪는 극심한 비참함에 대한 신랄한 비판이었다. 이와 동시에 사회적 진보가 새로운 모더니티를 형성함으로써 가져올 수 있는 희망의 표현으로도 읽혔다. 토머스 모어는 이 책에서 욕망도 이익 추구도 없는 사회, 말하자면 구성원 각자가 고유한 서열과 자리를 차지하는 평등한 수평 조직 사회를 그렸다. 이러한 사회관은 새로 발견된 아메리카 일부 종족들의 풍습에서 영감을 얻은 것으로 보인다. 책에 등장하는 "유토피아"라는 이름의 섬은 "상스럽고 야만적인 주민들을 합리적이고 인간적인 사람으로 변화시켜 (……) 다른 모든 문명사회의 주민들을 (……) 뛰어넘는 종족으로 만드는 것"을 목표로 삼는다.

특이하게도 이 유토피아는 수학자들이 경영한다. 54개 도시의 모든 길들은 폭이 6미터 50센티미터이고, 사유재산은 금지된다. 유토피아 주민들은 하루에 여섯 시간 일하고, 기숙사에서 생활하면서 함께 모여 식사를 한다. 탈농촌 현상은 통제되며, 자유 시간은 장기나 독서 같은 취미 생활에 할애된다.

토머스 모어는 이렇듯 합리적이고 정의로운 사회 정책이 얼마든지 가능함을 보여주고자 했다. 그는 미래의 모더니티가 부르주아들만의 재산 축적이 되어서는 안 되며 모두의 이익을 위해 봉사해야 한다고, 미래의 모더니티는 사회 정의와 양립 가능해야 한다고 주장했다. 이를 위해 그는 사유재산을 금지해야 한다고 보았다. '시장이냐 평등이냐?' 이 논쟁은 후에 등장하는 모든 사회주의적 유토피아의 구상에 빠짐없이 등장한다. 물론 이후로도 여러 세기 동안 지배적인 사회 개념, 즉 모더니티에 대한 선봉 격인 개념은 교회 중심으로 남아 있겠지만 말이다.

구시대인과 모던한 자의 갈등을 넘어

—

인쇄술이 낳은 또 하나의 결과로는, 자기 눈으로 직접 성경을 읽은 사람들이 사제의 설교로는 만족하지 못하고 교회의 성서 해석을 비판하면서 고위 성직자들이나 교황의 행태에 대해 비난하기 시작했다는 점을 꼽을 수 있다.

1517년 비텐베르크에서는 아우구스티누스 수도회 소속 수사인 마르틴 루터가 교황의 권위에 도전장을 내밀었다. 성서에 적힌 글만이 유일한 권위이며, 영혼의 구원은 교회의 간섭 없이 진실한 믿음을 통해서만 얻을 수 있는 신의 선물이라고 천명한 것이다. 루터는 교회가 죄 사함을 가지고 장사를 한다고 비난했다. 그는 면죄부에 반대하는 "95개 논제"를 발표했다. 그로부터 3년 후, 루터는 그를 직접적으로 지목한 교황의 파문 칙서 《Exsurge Domine》를 불태워버린다. 그는 인간의 자유를 주장했고, 자유는 자의적인 은총에만 전적으로 의존하지 않는다고 확신했다. 그는 교회의 권한을 민간 사회로 이양했으며 법의 세속화라는 개념을 도입했다. 루터는 극심한 반反유대주의자였음에도 노동과 부에 대해서만큼은 유대인식 개념을 추구했다. 요컨대 문제는 풍족함이 아니라 빈곤이라는 것이었다. 이제 부를 쌓고 기업을 일구며 혁신하는 것은 신이 내려준 은총의 표시였다. 탐구하고 이해하고 진보하여 부를 획득하는 것은 더 이상 신의 지시에 거역하는 일이 아니었다. 이 하나만 보더라도 엄청난 변화였다.

후세 사람들은 시장경제가 이때부터 시작되었다고 하는데 이는 잘못된 생각이다. 시장경제는 사실 그보다 훨씬 전에 이탈리아와 플랑드르 지역 상인들과 더불어 시작되었다. 이탈리아 출신의 위대한 역사학자 카를로 마리아 치폴라Carlo Maria Cipolla는 그들을 "프로테스트 하지 않는 프로테스탄트Protestants Pas Protestants"라는 재치 있는 말로 분류한 바 있다.

가톨릭교회는 1540년 예수회를 창설하고, 1545년부터 1563년까지 트리엔트에서 세 차례에 걸쳐 공의회를 개최함으로써 종교개혁에 대항했다. 이 공의회를 통해 가톨릭교회는 지나칠 정도로 결정론적이었던 은총의 문제와 어느 정도 거리를 두게 되었다. 그러나 한편으로는 종교재판을 통해 공포 분위기를 조장하는 정책도 동시에 구사했다.

유럽 거의 전역에서 수많은 학자들이 그리스식 사고를 통해 이성의 회귀를 촉구하는 투쟁을 벌였다. 프랑스에서는 1570년경 몽테뉴가 "모던한 인물들"을 읽는 것보다 "손톱을 물어뜯어가며 아리스토텔레스를 연구하는 쪽"을 선호한다고 고백했다. 그는 《수상록》에서 "모던한 인물들"이라는 용어를 겨우 여덟 번 사용했는데, 그때마다 당시에 통용되던 문자 그대로의 뜻, 그러니까 그리스와 로마의 유산을 거부하는 작가들이라는 의미로 이 단어를 사용했다. 이러한 현상이 달라지기 위해서는 "새로운 탄생"이 필요하며 그 새로운 탄생이란 고대 그리스—로마, 즉 "내가 모던한 인물들보다 훨씬 중요하게 생각하는 구시대 학자들의 회귀에 토대를 두고 있다"고 몽테뉴는 말했다. 그에게 고대의 천재들과 모던한 인물들의 "위선적이고 인위적인 작태" 사이의 간격은 그가 사는 시대가 퇴폐한 정도를 보여주는 척도였다. 더구나 만일 그리스나 로마인들에 의해 신세계가 발견되었다면 원주민 대량 학살 같은 참혹한 비극은 일어나지 않았을 거라고도 말했다.

몽테뉴는 더 나아가 세 번째 모더니티라고 할 수 있는 관점도 제시했다. 앙시앵, 곧 구시대인들을 그저 단순히 모방하는 것에 그쳐서는 안 된다고 주장한 것이다. 몽테뉴는 구시대인들을 칭송하는 것으로 만족하는 동시대인들을 두고 "남의 팔에 매달리려고 안간힘을 씀으로써 자신들이 가진 힘을 완전히 무력화시키고 있는 중"이라고 지적했다. 그러므로 무엇보다도 스스로 생각하는 역량을 키워야 하며, 고대문학의 차용을 예찬하면서(그의 다음 세대 문필가들은 이 점에 있어서는 그의 말을 잘 따랐다) 새로운 진보도 받아들임으로써 구시대인들보다 한 걸음 더 나아가야 한다고 강조했다.

일벌들은 꽃을 찾아 이쪽저쪽으로 분주히 날아다니는데 그건 다 꿀을 찾기 위해서다. 꿀이야말로 벌의 모든 것이다. 타임이니 마욜라나니 하는 꽃의 종류는 중요하지 않다. 남에게서 빌린 조각들도 마찬가지다. 우리만의 것을 만들기 위해서, 다시 말해 우리 자신만의 판단을 정립하기 위해서는 그것을 변신시키고 다른 것과 혼합할 수도 있다. (《수상록》 1권, 26장)

이는 구시대인들과 모던한 자들 사이의 갈등, 실존과 신앙의 갈등을 뛰어넘으려는 최초의 시도였다.

유행의 등장

—

플랑드르와 이탈리아의 도시들에서는 비판 정신과 자유를 향한 갈망이 부상하면서 풍습에도 변화가 나타났다. 이들 도시에 거주하는 선남선녀들은 정념과 사랑을 만끽할 권리를 되찾았다. 연인들은 교회와 가족의 반대를 무릅쓰고 커플을 이루었다. 이번에도 그리스 문학의 부활을 통해 정념에 빠져들 권리가 가시화되었다. 마찬가지로 음악도 더 이상 종교적인 것과 대중적인 것으로 이분되지 않았다. 회화에서는 초상화와 풍경화가 쏟아져 나왔다. 건축에서는 에트루리아 이후 소실되었던 투명 유리의 재발견과 더불어 대형 창문이 달린, 규모가 더욱 큰 건물들의 전성시대가 열렸다.

같은 시기, 오늘의 취향과 그 취향의 빠른 변화를 가리키는 "유행mode"이라는 용어(이번에는 "방식"을 뜻하는 라틴어 modus에서 파생된 단어)가 등장했다. 이 용어는 급속도로 확산되어 점점 더 사회의 광범위한 계층에서 수용되었다. 에라스무스는 로테르담에서 출판된 그의 저서 《에라스무스의 아동교육론》에서 의복을 착용하는 올바른 방식이란 실제 자신에 부합하는 이미지를 줄 수 있도록 입는 것이라고 설명했다. 이탈리아에서는 부르주아들이 귀족들처럼 차려

입어도 거기에 대해 아무도 반대하지 않았다. 프랑스에서는 프랑수아 1세와 그 뒤를 이어 앙리 2세 등이 이러한 파격을 금지하려고 했다. 그들은 의복의 형태와 크기, 재단뿐만 아니라 소재에 있어서도 정해진 규범을 따라야 하며(가령 감사원장들은 비단, 왕실 사람들은 새틴, 서기들은 타프타 등) 부르주아들은 금사 또는 은사로 수를 놓거나 진주로 장식한 천을 걸쳐서는 안 된다고 못 박았다. 하지만 소용없는 짓이었다. 유행은, 특히 여성복과 아동복의 유행은 모더니티에 대한 다양한 견해의 충돌을 고스란히 드러내는 격전지가 되었다. 유행이 획일적이고 안정적인 곳에서는 물질적 진보가 아니라 신앙 지향적인 모더니티가 지배적이었다. 반면 유행이 자주 변하는 곳에서는 모더니티가 혁신과 변화를 대변했다.

한편 교회는 모든 것에 폐쇄적이었다. 1600년, 교회는 니콜라우스 쿠자누스의 제자이자 인류 역사상 가장 비범한 사상가로 손꼽히는 조르다노 브루노를 은밀한 곳도 아닌 로마의 공공장소에서 화형에 처했다. 그는 감히 은하계의 존재를 상상했고, 인간이 우주의 중심이라는 사상에 문제를 제기했으며, 윌리엄 셰익스피어와도 교류했다.

새로운 세계를 알린 두 전령
—

17세기가 시작되면서 특히 프로테스탄트 세력 하의 유럽에서는(이

곳에서만 나타나는 현상은 아니었다) 더 이상 구원의 추구가 엘리트 상인들을 움직이는 주요 동인이 되지 못했다. 이들은 지금, 여기에서 더 잘 살기를 원했다. 진보한다는 것은 더 이상 메시아의 시대를 향해 나아가는 것도, 그렇다고 그리스 로마식 지식에 만족하는 것도 아니었다. 진보는 이제 다음과 같은 것들을 의미했다.

참을성 있게 새로운 지식과 합리적인 지식을 축적하고, 보다 효율적인 기술들을 실제로 활용하는 것. 일하고 생산하고 생산한 것을 팔고 교역하며, 잘 먹고 더 좋은 옷을 입고 더 좋은 집에서 사는 것. 자유롭게 살며 자신의 권리와 자유를 확장하는 것. 소유주가 되는 것. 유행을 따르고, 자유롭게 배우자를 선택하는 것. 그리고 무엇보다 더 오래 살고 자신의 재산을 교회가 아닌 자녀들에게 물려주는 것.

미래의 모더니티란 더 이상 천국으로 가는 길이 아니라 자유와 이성으로 가는 길을 의미했다. 사실 자유와 이성은 불가분의 관계에 있다. 사회의 엘리트들은 이 모든 것을 공개적으로 원했다. 이들은 더 이상 교회가 내려치는 벼락 따위는 두려워하지 않았다. 교회는 군주들에 대한 권력을 상실했다. 이들은 자기들보다 가난한 자들, 이러한 미래 비전으로 피해를 입는 자들에 대해서는 배려하지 않았다.

인류가 낳은 두 명의 위대한 작가, 생애에 대해서는 거의 알려지지 않은 이 유명 작가들이 그 같은 변화상을 상징적으로 보여준다. 바로 미겔 데 세르반테스와 윌리엄 셰익스피어다. 한 세계에서 다른 세계로 넘어가는 과도기에 활동한 두 사람은 교회나 그리스 세계와는 독립적인 작품을 선보였다. 물론 그렇다고 해서 대선배들의 가르침마저 완전히 망각한 건 아니었다.

세르반테스는 마드리드에서 1605년과 1615년 두 차례에 걸쳐 《돈키호테》*를 발표했다. 기사 소설이라는 이름을 걸고 나온 이 작품은 중세 풍습의 패러디이자 스페인의 사회 구조, 즉 봉건적 모더니티에 대한 비판으로서 사실상 모던한 시대를 알리는 최초의 소설이었다. 이상향을 꿈꾸는 몽상가 돈키호테는 중세 기사들이 사용하던 수단을 통해서 세상을 바꾸려고 하기에 모던하면서 동시에 시대착오적인 인물이다. 새로운 가치(개인의 자유)를 내세운다는 점에서는 모던하지만, 이를 위해 그가 신앙과 관련된 수단을 구사한다는 점에서는 구시대적이고 시대착오적이다. 돈키호테는 "정결한 사고, 정직한 언어, 진정한 행동, 인내심을 갖고서 적대감을 제어하며, 궁핍 가운데 있는 자들을 불쌍히 여길 줄 알고, 진실을 수호하기 위해서라면 목숨이라는 비싼 대가를 치르는 일도 마다하지 않으며 이를 위해 싸운다." 이러한 모든 것은 미래의 모더니티, 곧 상인 중심의 모더니티에서는 아무런 의미도 지니지 못한다. 돈키호테는 새로운 세계라는 나락으로 떨어져버리는 것에 대한 두려움을 상징한다. 바로 이 같은 이중성 때문에 돈키호테는 보편적인 인물로 승화된다.

• 정식 표제는 "재기 발랄한 향사鄕士 돈키호테 데 라만차"이다.

다음으로 윌리엄 셰익스피어를 보자. 그는 1564년에 태어나 1616년 4월 23일에 사망했다. 그날은 그의 52번째 생일인 동시에 세르반테스의 장례식 날이기도 하다. 그가 남긴 엄청난 양의 작품들은 연극계에 혁명을 가져왔다. 예를 들어 《헨리 2세》에서는 영국 역사를 도입하고, 《로미오와 줄리엣》에서는 사랑할 권리를, 《리어왕》, 《햄릿》, 《템페스트》에서는 각각 정념과 광기, 유토피아의 문제를 다룸으로써 이전과는 전혀 다른, 아주 새로운 극을 창조해냈다. 요컨대 셰익스피어는 자유의 쟁취로 인해 걷잡을 수 없이 폭발하게 될 인간 조건의 모든 차원을 다루었다. 그러면서도 그리스적인 주제의 단순한 재현에 머무르지도 않았다.

신구논쟁이 촉발한 이성 지향적 모더니티
—

17세기가 시작되면서 동시대 사람들이 "신구논쟁"이라고 부르게 될 갈등이 시작되었다. 오늘날의 관점에서 보자면 이 논쟁은 순전히 학구적인 차원에만 국한되었던 것으로 보인다. 하지만 실제로 이 논쟁은 학문적인 차원을 훨씬 넘어섰고, 본질적인 문제를 다루었다. 왜냐하면 역설적이게도 그 논쟁으로 말미암아 기독교 세계와 유대 그리스 세계 사이에서 15세기 동안 이어져온 변증법적 관계를 뛰어넘을 수 있었기 때문이다. 다시 말해서 고대인들의 사상으로 돌아가기를 갈망하던 '구식' 지지자들의 의견에 따라 고대로 돌아간 것이 아니라 고대인들의 사상을 이용해서 교회의 속박('신식'을 지지하는 사람들은 여전히 교회의 속박에 복종하는 것을 "모던하다"고 여겼다)으로부터 벗어나게 되었다는 말이다. 이로써 미래를 바라보는 새로운 개념이 등장했다. 바로 이성 지향적 모더니티다. 이 새로운 미래 비전은 다음 세기, 곧 18세기 말부터 내내 지배적인 개념으로 뿌리내린다.

겉으로 보기에 신구논쟁은 어디까지나 학구적인 영역에 국한된 문제였다. 고대 작가들의 사상을 본받을 권리가 있는지, 교회가 실제로 사람들에게 공포심을 심어줄 수단도 없으면서 계속해서 검열에 나설 권리가 있는지 등의 문제를 놓고 공방을 벌였던 것으로 생각된다. 이러한 논쟁의 시작을 알리는 첫 포문은 1612년 로마의 작가이자 정치가이며 앙시앵, 즉 구시대인들에게 우호적이었던 트라야노 보칼리니Trajano Boccalini가 열었다. 로마교회 당국으로부터 인쇄 허가를 거부당한 그는 베네치아에서 《파르나스의 단편소설집Ragguagli del Parnasso》 1권을 출판한다. 이 작품은 소크라테스, 세네카, 타키투스와 같은 고대의 위대한 "저항인들"이 누렸던 철학적 사고의 자유를 칭송한다. 보칼리니는 이 책에서 "모던한 작가들" 가운데 교회를 따르면서도 새로운 문제의식에 관심을 보이는 "대가들"은 수용하려는 "현학자들"을 비판한다. 그는 여러 나라에서 자행되는 검열 행위를 비교함으로써 유럽의 경제적, 정치적, 군사적 상황을 도출해낸다. 그는 특히 합스부르크 왕가가 통치하는 스페인을 집중 공격하는데, 이 나라에서는 고대 그리스인들의 사상

인류는 어떻게 진보하는가

이 핍박을 받고 있었다. 보칼리니의 이 책은 유럽 각지의 주요 항구도시에 거주하는 지식인들 사이에서 열렬한 환영을 받았다. 프랑스에서는 리슐리외Richelieu가 보칼리니의 1626년 작 《정치의 시금석, 전 세계 주요 왕정들의 통치에 대하여La Pierre de touche politique, où il est traité du gouvernement des principales monarchies du monde》를 활용해서 스페인 왕가에 대한 비판적 견해를 공고히 했다.

1620년은 갈릴레이가 "자연이라고 하는 책은 수학 언어로 기록되었다"라며 자신의 직관력을 천하에 알린 해였다. 그해 모데나 공작의 자문이었던 알레산드로 타소니Alessandro Tassoni도 최초로 앙시앵, 즉 구시대인과 모던한 사람을 체계적으로 비교한 《고대인들과 현대인들의 천재성Ingegni antichi e moderni》에서 보칼리니와 같은 입장을 취했다. 타소니는 어느 한쪽으로도 치우치지 않은 진실을 찾고자 탐구한 최초의 인물들 가운데 한 사람이다. 그는 고대의 천재성을 모던 시대가 이룩한 성공적인 업적과 비교함으로써 이를 상대화했으며, 반대로 모던한 자들이 빠져 있는 자기도취적 승리를 고대인들의 영예로운 성과와 대비시킴으로써 이를 조절했다.

같은 무렵, 런던에서는 철학자 로버트 버튼Robert Burton이 현대 심리학과 정신분석의 원조로 여겨지는 위대한 저서 《우울증의 해부》(1621)를 통해 고대인들의 편에 섰다. 그보다 앞서 토머스 모어가 그랬듯이, 로버트 버튼은 상업화된 사회와 기술 진보가 생활 방식의 파괴를 가져올 수 있다며 비판했다. 그는 멜랑콜리를 미래의 모더니티를 재는 척도로 간주했다. 한 시대를 바라보는 명철함과 진실은 상실에 따른 애도, 고통, 고립, 심지어 때로는 광기마저 동반한다고 그는 설명했다.

이에 대한 모던 지지자 측의 답변을 보자. 이탈리아 출신 신부인 세콘도 란첼로티Secondo Lancellotti는 1623년 교황 우르바노 8세에게 고대인들에 대한 비판을 담은 대작 《Hoggidi》(라틴어 호디에르누스 hodiernus에서 파생된 단어로 후기 라틴어의 모데르누스modernus 또는 오주르 뒤aujourd'hui와 동의어)를 헌정했다. 이 책은 "현재 세기"를 찬미하며 "지나간 모든 세기의 암흑"을 비난한다.

같은 해인 1623년, 캄파넬라Tommaso Campanella는 《태양의 나라》에서 교회가 이끌고 점성술적인 기준에 따르며 일부다처제를 허용하는 범지구적 차원의 국가 창설을 설파한다. 그 국가는 이런 모습이다.

집, 침실, 침대 등 그들은 모든 것을 공동으로 사용한다. 6개월마다 법관들이 각자에게 교류 범위, 집, 사용할 방 등을 지정해준다. (……) 기계적이거나 사색적인 모든 기술은 양성에게 공통된다. 다만 보다 센 힘이 요구되며 벽 바깥쪽에서 진행되어야 하는 모든 일은 남자들이 맡는다. (……) 스무 살 이상의 모든 개개인은 국가의 상황에 대해 의견을 피력할 수 있으며, 법관들에 대해 불만을 털어놓거나 그들을 칭찬할 수 있다.

인류는 어떻게 진보하는가

어떠한 제한도 없는 진보

—

바로 이 무렵부터 "모던"이라는 용어의 의미가 달라지기 시작한다. 이 용어는 이제 더 이상 교회를 옹호하는 세력(1633년 갈릴레이에게 유죄를 판결한 자들)만을 가리키는 말이 아니라 인류의 미래가 이성 덕분에 과거보다 더 나아질 수 있다고 믿는 자들까지도 지칭하게 되었다. 모더니티와 이성에 따른 합리적인 진보는 이제 일부 사람들에게는 동의어가 되었다.

아리스토텔레스를 비롯한 그리스인들이 이미 오래 전에 예찬했던 실험 과학도 인정받기 시작했다. 영국의 대법관이자 물리학자인 프랜시스 베이컨은 그의 저서 《새로운 아틀란티스》(1627)에서 이성의 통치 하에 과학과 기술의 도약을 위해 헌신하는 완벽한 국가를 상상했다.

우리의 국가 설립은 사물의 은밀한 원인과 움직임을 인식하며 가능한 모든 것을 실현하기 위해서 사물 위에 군림하는 인간 제국의 경계를 최대한 뒤로 물리는 것을 목표로 한다.

그는 같은 책에서 인간이 자연을 지배하려는 야심을 가지고 있는 것은 사실인데, 이는 자연으로부터 이론적이 아닌 구체적인 발전, 가령 농기계, 신형 선박, 새로운 시계를 비롯해 무수히 많은 혁신적인 결과물을 이끌어내기 위해서라고 덧붙였다. 그는 또한 대표작 《신기관》에서 구체적인 물질적 진보를 옹호하며 "단순한 추상적 사고보다 실천을 한층 높이 평가해야 하는 건 삶의 편의를 증대시키기 때문만이 아니라 그러한 유익한 응용이 그만큼 진리를 보장해주기 때문"이라고도 주장했다. 그가 보기에 인류의 진보에는 어떠한 제한도 있을 수 없다. "가능한 모든 것을 실현하기 위해 인간 제국의 경계를 최대한 뒤로 물려야 한다"고 선언한 그가 아니었던가. 미완성으로 남아 있는 글 "자연의 경이"에서 그는 인간이 발명할 수 있는 것이 무엇인지 열거했다. "거의 영원토록 지속될 젊음, 고칠 수 없다고 알려진 질병의 치료, 뇌 기능 향상, 새로운 동물 품종 생산, 새로운 식품의 생산 등." 이 얼마나 예언적인 말인가! 미래 세계가 이 글에 담겨 있지 않은가. 인간이 우주의 주인이 되어 자신을 위해 자연이 봉사하게 만든다는 오늘날의 모더니티를 이다지도 명확하게 선언하다니!

신모던 인류의 탄생

—

이 시기 프랑스에서는 신구논쟁이 아카데미즘의 테두리를 벗어난다. 논쟁은 이제 과연 미래가 과거보다 더 나을 것인지를 알아내는 것에 집중된다. 하지만 곧 왕의 진의를 장악하기 위한 정치적인 논쟁으로 변질된다. 이렇게 되자 앙시앵, 즉 구시대파와 모던파 그리고 신모던파, 이렇게 세 개의 진영으로 나뉘게 된다. 여기서 신모던파란 교회도, 고대인 숭배도 아닌 이성 숭배에 진보가 있다고 믿는 자들을 가리킨다.

새롭게 등장한 이와 같은 모더니티의 으뜸가는 요소는 우선 라틴어에 반대하고 프랑스어를 사용하도록 독려하는 움직임에서 찾을 수 있다. 몇몇 철학자들은 프랑스어로 글을 쓰기 시작했다. 데카르트는 프랑스어로 집필한《정신지도를 위한 규칙들Les Règles pour la direction de l'esprit》(1624)에서 형이상학은 과학에서 제외시켰다. 그 이유는 다음과 같다.

모든 과학은 인류가 가진 지혜의 총집산과 다르지 않은데, 지혜가 적용되는 대상이 아무리 다양해도, 그 대상들로부터 얻게 되는 변화라는 것이 태양 광선이 여러 대상들을 비추고 그 빛이 반사됨으로써 태양에 초래하게 되는 지극히 미미한 정도에 지나지 않는한, 지혜 자체는 언제나 하나이며 동일하기 때문이다.

덕분에 그는 그로부터 2년 후 아주 짧은 글 "기술론 소고Traité de mécanique"에서 있는 그대로의 이 세계는 모든 가능태 중에서 아주 특별한 경우, 즉 신이 원한 경우에 해당되며, 우리는 자연적으로 생겨난 것들만큼이나 자연스러운 사물들을 인위적으로 만들어 낼 수 있다고 설명했다. 그는 두 번째로 내놓은《성찰》에서는 심지어 "엄밀하게 말해서 나는 생각하는 사물에 불과하다"고 말했다. 1635년, 리슐리외는 프랑스어 사용을 독려하기 위해 아카데미 프랑세즈Académie française를 창설하기에 이른다. 그는 이를 "프랑스어를 신新라틴어라는 대체 언어의 위치에 방치하지 않으려는 의지의 표현"이라고 밝혔다. 1637년, 데카르트는 이번에도 역시 프랑스어로 집필한 《방법서설》을 발표했다. 이 책에서 그는 모든 인식은 정신에서 온다고 주장함으로써 아리스토텔레스 지향적인 스콜라 철학에 의문을 표했다. 진리 탐구는 "자연의 주인, 자연의 소유자가 되겠다"라는 목표를 지녀야만 그 생명력이 유지되고 보존될 수 있기 때문이라는 것이었다. 그가 내세운 "나는 생각한다, 고로 나는 존재한다Ego sum, ego existo"라는 명제는 어떤 의미에서는, 적어도 프랑스어 표현에 있어서만큼은 현대적 이성의 탄생을 알리는 초석임이 분명하다.

그럼에도 교회는 투쟁을 포기하지 않았다. 1637년, 부아로베르Boisrobert 신부는 이제 막 창설된 아카데미 프랑세즈에서 "구시대인들에 대항하는 연설"이라는 상당히 과격한 발표를 하는데 이는 사실상 계시된 진리를 옹호하는 내용이었다. 1666년(구시대인들의 편에 선 과학 한림원Académie des sciences이 창설된 해로, 과학 한림원은 구시대인들의 편에 선다) 파리에서 교회는 자신들이 믿는 모더니티를 강요하기 위해 안간힘을 쓴다. 어린 귀족들의 교육을 담당하는 가정교사들을 위해 만들어진 교과서에는 '학문 일람표'가 소개되었는데, 이에 따르면 과학 일반, 신학, 철학, 법률학, 종교회의가 가장 중요한 다섯 가지 과목이었다. 의학, 수사학, 문법, 시, 수학 등은 앞의 다섯 가지가 소개되고 난 다음에야 비로소 등장한다. 이것으로 미루어 우리는 지식에도 서열이 있었음을 짐작할 수 있다.

이처럼 집요하게 이어지는 투쟁(이 투쟁의 목표는, 적어도 프랑스에서는, 왕의 주목을 이끌어내는 것이었다) 와중에 샤를 페로Charles Perrault•와 베르나르 퐁트넬Bernard Le Bovier de Fontenelle••은 신모던파 진영의 선두에서 활약했다. 두 사람은 고대인을 추종하는 자들을 현학적이라고 몰아붙이면서, 앞으로는 그리스적 개념에 머물러 있지 않겠다고 선언한다. 과학 한림원(퐁트넬은 이 기관의 종신 서기였다)은 이들 신모던파를 지지했으며, 왕이 나서서 민중들에게 미래가 과거보다 훨씬 나을 것이라고 선언할 것을 종용했다. 샤를 페로는 〈위대한 루이 왕의 세기Siècle de Louis le Grand〉와 〈예술과 학문에 있어서 구시대파와 모던파 사이에 놓여 있는 평행선Les Parallèles des Anciens et des Modernes en ce qui regarde les arts et les sciences〉이라는 시를 썼다. 그는 왕에게 이렇게 말했다. "위대한 왕이시여, 그대의 세기가 지나간 세기에 승리를 거두었도다."

"위대한 루이 왕의 세기", 프랑스에서 머지않아 "위대한 세기"라고 부르게 될 그 세기에 대한 예찬은 미래에 대한 낙관으로 점철된다. 하지만 이 무렵 네덜란드연방공화국의 생활수준은 파리의 생활수준을 네 배나 능가했으므로, 실제로 이와 같은 낙관주의를 정

• 1628-1703, 프랑스의 작가. 구전되어오던 프랑스 동화들을 수집해 이를 다시 책으로 펴냈다. 《잠자는 숲 속의 공주》, 《푸른 수염》, 《장화 신은 고양이》 등은 전 세계적으로 널리 알려진 대표작이다.

•• 1657-1757, 프랑스의 문필가이자 계몽주의 사상의 선구자다.

당화해주는 증거라고는 없었다고 보아야 한다. 그런 가운데 퐁트넬은 1686년 아카데미 프랑세즈 입성 직전《세계의 다양성에 관한 대담Les Entretiens sur la pluralité des mondes》을, 1688년에는《구시대파와 모던파에 대한 여담La Digression sur les Anciens et les Modernes》을 썼다. 그에게 이성적인 진보란 지식과 자산의 꾸준한 발전을 보장해주는 자연의 안정성을 흔들지 않으면서 부의 축적을 가능하게 해주는 것이었다. "우리의 진보를 조율하는 질서가 존재한다." 퐁트넬의 친구인 피에르 드 마리보Pierre de Marivaux*는 〈르 미루아르Le Miroir〉에 기고한 글에서 이렇게 말했다.

앞으로 다가올 세기의 모든 인간들은 영원토록 생각해야 할 의무, 그(데카르트)보다 더 나은 생각을 해야 할 의무를 지니게 될 것입니다.

아닙니다, 신사 여러분, 자연은 쇠락하고 있지 않습니다. (……) 우리가 지닌 열정의 힘과 우리가 보유하고 있는 얼마 되지 않는 인식은, 그 덕분에 우리가 이룩한 다소 간의 진보에도 불구하고, 여전히 자연이 우리 안에서 젊은 상태로 남아 있다고 생각하게 만듭니다.

• 1688-1763, 프랑스의 언론인이자 소설가. 무엇보다도 극작가로 널리 알려졌다. 고전극에서는 부차적인 요소에 머물러 있던 연애를 독특한 극작법과 문체를 통해 중심 주제로 발전시켜 연애심리극이라는 새로운 장르를 개척했다.

그러면서 그는 신모던파들이 교회만 비판하지 말고 구시대파들도 비판의 대상으로 삼아야 한다고 주장했다. 그가 보기에 고대인들을 모방하는 건 아무런 소득이 없는 무익한 일이기 때문이었다.

한편 구시대파 진영에서는 비명碑銘문학아카데미를 중심으로 40명의 문헌학자들과 동양학 전문가들이 똘똘 뭉쳐 옛것에 대한 그들의 해박한 지식을 진영 방어를 위한 무기로 제공했다. 이들은 모두가 읽을 수 있도록 키케로와 타키투스의 저술을 프랑스어로 번역했다(이 번역본들을 가리켜 아름답지만 부정한 여인을 의미하는 "벨 앵피델belle infidèle"이라고 한다). 구시대파 진영의 리더 격이었던 니콜라 부알로Nicolas Boileaut• 그리고 그의 뒤를 이어 장 라신Jean Racine, 라 퐁텐La Fontaine 등은 루이 14세의 마음을 얻어 루브르에 설치된 왕립인쇄소를 통해 《아드 우숨 델피니ad usum Delphini》, 즉 황태자를 위한 그리스와 라틴 작가들의 선집을 출판했다. 1674년 부알로는 모던파에 대항해서 《시학Art Poétique》을 내놓았다. 그는 프랑스 문학이 고대에 단단히 닻을 내림으로써 "현대적인 모든 비천함으로부터 보호되어야 한다"고 주장했다. 또한 프랑스 문학이 고대인들과의 교류만이 보장해줄 수 있는 진실과 아름다움이라는 영원한 토대를 뿌리로 삼을 때에 국왕도 더 잘 보필할 수 있다고도 말했다. 이렇게 되자 고대인들의 정신을 이어받은 새로운 주요 문학 장르

• 1636-1716 프랑스의 시인, 비평가. 대표작 "풍자"를 통해서 동시대 작가들의 형편없는 취향을 비판한 것으로 유명하다.

들이 등장하기 시작한다. 가령 서사시(과거의 영웅적인 사실들을 상기시키는 장르), 비극(위대한 영혼들이 맞닥뜨리는 위대한 불행을 재현하는 장르), 애가哀歌(행복은 과거에 대한 향수에서만 찾아짐을 상기시키는 장르), 풍자(현재의 허물과 잊고 있던 덕목을 대비시키는 장르) 등이 여기에 해당된다.

그러자 교회 내부에서 기독교 신앙과 유대 그리스식 사고의 타협을 시도하는 일부 인사들이 등장하기 시작한다. 얀센주의자들의 사상jansénisme•은 당시 왕실의 신임을 얻으며 승승장구하던 예수회 소속 사제들에 의해 내팽개쳐졌다. 심지어 가톨릭교회 내부에서조차 신의 은총을 바라보는 시선에 변화가 감지되었다. 신의 은총은 더 이상 수수께끼처럼 신비하고, 결정할 수 없으며, 이성의 테두리를 벗어난 것이 아니라 노력과 철저한 계산, 합리적인 행동에 따른 결과로 간주되기 시작했다.

1674년, 오라토리오회 소속 사제인 니콜라 말브랑슈Nicolas Malebranche는 저서 《진리 탐구에 대하여De la recherche de la vérité》를 통해 아우구스티누스와 아리스토텔레스, 갈릴레이, 데카르트의 화해를 시도했다. 말브랑슈는 자연을 수학적 언어로 번역하는 것은 보편적이고 항시적이며 불변인 신의 행위의 기반 구조에 배치되지

• 가톨릭교회 개혁의 일환으로 이브르의 주교 코르넬리우스 얀센에 의해 17세기에 처음으로 시작된 종교적 사조로, 점차 절대왕권에 반대하는 정치적 움직임으로 확산되었다. 은총의 문제에 있어서 인간의 자유의지를 부정하고 오직 신에 의한 구원만을 내세웠던 아우구스티누스의 주장을 철저하게 신봉했으며 영적인 엄격함을 계율로 삼았다. 교황청의 지나친 권력화에 반대 입장을 보였으므로 예수회와는 반목했다.

않는다고 설명했다. "물리학 법칙의 항구성은 신의 법이 지니는 항구성에 의해 보장된다"라고 그는 주장했다. 그리고 신은 결코 완벽한 세계를 창조하려 하지 않았으므로 우리 인간들은 신이 우리에게 선사한 세계를 감히 수정할 수 있어야 한다고도 역설했다. 그에 따르면 신의 행위가 낳은 결과를 더 좋게 고치는 것은 우리 인간의 몫이다. 왜냐하면 우리가 "신의 행위에 저항한다고 해도 그것은 절대 신을 공격하는 것이라고 볼 수 없으며, 오히려 신의 의도를 보다 더 효과적으로 드러내기 위함"이기 때문이라는 것이다. 말브랑슈는 동물계에서는 인간만이 유일하게 진보할 수 있는데, 이는 인간만이 지식을 습득하고 축적하여 이를 전달할 수 있기 때문이라고 설명했다. 그렇기 때문에 교육적인 목적을 지닌 상시적인 강의 체제를 정립하는 것이 좋다고도 덧붙였다. 그렇게 함으로써 "인간 정신"의 항구적이면서도 규칙적인 함양을 도모할 수 있다는 것이 그의 생각이었다.

계몽 정신과 빛

—

프랑스를 이외의 지역에서도 차츰 이러한 형태의 모더니티가 자리를 잡아갔다. 위고 그로티우스Hugo Grotius가 집필한 《전쟁과 평화의 법De jure belli ac pacis》과 더불어 네덜란드연방공화국(스페인에 이어서 프랑스와도 전쟁을 벌인 당시 실세 국가)에서 "정의로운 국가"의 정의가 이루어진 것은 1625년이었다. 그로티우스는 신의 의지에 따른 법과 자연법을 구분했다. 그 외 프로테스탄트 계열의 다른 법학자들(하이델베르크 대학 교수로 1687년 《시민의 삶과의 관계 속에 나타난 기독교 종교의 권력De habitus religionis christianae ad vitam civilem》의 저자인 사무엘 폰 푸펜도르프Samuel von Pufendorf를 비롯하여)은 '교회는 더 이상 교회만의 고유한 권리를 요구할 수 없다', '교회는 일시적으로 권력을 행사하는 군주에게 종속된 신자들의 사적인 연합으로서 자신의 물질적인 이익은 스스로의 힘으로 생산해내야 한다'고 주장했다. 이들은 또한 지상에서의 행복 추구는 완벽하게 정당화될 수 있다고도 역설했다.

막강한 세력을 행사하던 네덜란드연방공화국의 새로운 경쟁 상대로 부상한 영국에서는 세속화된 법의 통치를 받는 국가라는 사상이 뿌리를 내리기 시작하면서 이성법의 기반이 마련되었다. 토머스 홉스는 크롬웰 혁명 후 1651년에 발표한 《리바이어던》을 통해 종교계와 고대로부터 벗어나 자연 상태, 즉 "만인의 만인에 대한 투쟁" 상태로의 회귀를 막을 수 있고, 각 개인이 "자신의 본성, 곧 자신의 삶을 유지하기 위해 자신이 소유한 권력을 원하는 대로 사용할 수 있는" 새로운 법치국가의 기틀을 제시했다. 그는 계약이라는 형태야말로 종교적 원칙에 의존하지 않고 주권의 힘에 복종함으로서 평화를 공고히 하는 데 "가장 적합한 수단"이라고 단언했다. 그에 따르면 폭력에 대한 두려움은 개개인이 자유 의지에 따라 절대적인 권력의 유지를 위해 자신의 권리를 포기함으로써 평화를

인류는 어떻게 진보하는가

확립하도록 이끈다. 그렇게 되면 국가는 보편적인 역량을 획득하게 되며, 통치 기술에 있어서의 진보는 그 기술의 활용 범위를 확장하는 데 도움을 준다. 국가는 교육자이자 의사, 상인, 후원자, 양심의 지도자가 되어야 하며, 종교적인 것을 무력화시키고 이를 흡수해야 한다.

1689년 런던에서 오라녜의 빌럼 3세와 메리 2세(크롬웰의 몰락 이후 왕좌에 복귀했다)는 하베아스 코르푸스에 따라 보장된 선거권과 탄원권을 다시금 확인하는 '권리장전'에 서명한다. 이 서명은 다음과 같은 권리를 교회의 통제로부터 해방시켰다는 데 의의가 있다. 교회가 떠받드는 교리에 따르면 허락되지 않은 모든 것은 금지된 것인 반면, 이제부터는 금지되지 않은 모든 것은 허락된 것으로 간주하게 된 것이다. 이듬해인 1690년, 존 로크는 《통치론》에서 "진보는 미래에 올 것이며, 사회는 일반적으로 자신의 출생과 유년기에 대해서는 무지하다"고 썼다. 그가 보기에 인간은 무엇보다도 합리적인 행복을 추구하는 존재다. "삶과 건강, 마음의 평온과 즐거움에 유용한 것을 향유함으로써 이 세상에서 행복해지는 것이야말로 인간의 최대 관심사다." 노동은 이를 위한 수단이다. 모더니티의 인간이란 자신의 행동과 이성적인 사고를 통해 자유로운 시민의 지위를 획득한 인간을 가리킨다. 이러한 맥락에서 한 세기 후 미국 헌법이 탄생하게 된다.

아일랜드 출신의 철학자 윌리엄 템플William Temple은 저서 《고대와 현대의 학습Essay upon Ancient and Modern Learning》(1692)에서 고

대인의 편을 옹호하는 입장을 고수하며 퐁트넬이 4년 전에 발표한 저서 《고대인과 현대인에 관한 고찰Digression sur les Anciens et les Modernes》을 반박한다. 1694년, 윌리엄 워튼William Wotton은 《고대와 현대의 학습에 관한 성찰Reflections upon Ancient and Modern Learning》에서 윌리엄 템플에 반대되는 입장을 취한다. 신모던파 편에 선 그는 데카르트나 말브랑슈가 종교를 대체하기 위해 정립한 형이상학적 논리에 동의를 표한다. 그는 문학과 시학 그리고 취향이라는 분야에서만큼은 고대인들이 뛰어났음을 인정했다.

신구논쟁은 점차 호메로스와 베르길리우스가 쓴 작품들의 중요성에 대한 논란으로 축소되어갔다. 1697년, 《아이네이스》의 번역자로 유명한 존 드라이든John Dryden은 역서에 붙인 서문을 통해 샤를 페로가 베르길리우스나 호메로스를 향해 보인 경멸감에 대한 자신의 반대 입장을 표명한다. 이 같은 입장 표명은 다시에 부인Madame Dacier의 프랑스어판, 포프Pope의 영어판 《일리아스》(1699)와 《오디세이아》(1708)의 새 번역이 나오면서 다시금 새 국면을 맞는다.

영국 출신 의사이자 시인인 리처드 블랙모어Richard Blackmore는 《몇몇 주제에 관한 에세이Essays upon Several Subjects》(1716)를 통해 양 진영을 완전히 등돌리게 만든다. 그는 과거에 대한 제대로 된 인식의 토대 위에 미래를 세우는 것이 중요하다고 강조했다.

이솝이 말하기를, 벌들은 수많은 꽃들의 즙으로부터 꿀과 밀랍

인류는 어떻게 진보하는가

을 만들며, 이 자연의 재료로부터 인간의 기쁨과 지혜에 없어서는 안 될 달콤함과 빛을 뽑아낸다. 거미들은 이와 반대로 모든 것을 자신들로부터 뽑아낸다. 자부심 강한 거미들은 자기 배설물로부터 추상적인 실을 뽑아내 그것으로 기하학적인 거미줄을 짠다. 거미줄은 죽음을 노리는 함정으로, 거미들이 노리는 먹잇감은 이 줄에 포획되어 희생당한다.

교회 내부에서는 여전히 물질적 진보를 비난하는 불협화음이 들린다. 17세기 말, 피에르 쥐리외Pierre Jurieu를 중심으로 하는 캘빈파 사상가들과 영국 야곱파•는 이 세계가 불행을 향해 달리고 있으며 세계의 종말이 멀지 않았다고 믿었다.

군주의 마음에만 들면 나머지는 아무래도 좋다는 듯, 오직 군주의 변덕스러운 심기만을 중요시하던 남부와 동부 지역 왕국들에서도 일부 반발자들의 의견이 서서히 고개를 들기 시작했다. 샤를이레네 카스텔Charles-Irénée Castel de Saint-Pierre, 일명 생 피에르 신부는 1719년 《다원합의제론Discours sur la Polysynodie》에서 "최고의 통치"는 "최고로 뛰어난 자들의 통치"라고 설명했다. 그는 엄격하게 순차적인 서열로 이루어지며 오직 실력에 의해서만 승진이 가능한 투명한 공직 체제를 확립하게 되면 사회의 모든 메커니즘에 활력

• 1688년 명예혁명으로 왕위에서 퇴위한 제임스 2세를 추종하는 세력을 가리키는 말이다. 가톨릭 신자였던 왕을 따르는 세력이었으므로 아일랜드 출신 가톨릭 신자들이 주요 구성원을 이루었다.

을 불어넣을 수 있는 항구적인 경쟁적 움직임이 가동될 수 있으리라고 내다보았다. 또한 "축성식이나 대관식 같은 생각은 모두 털어버려야 한다"고도 했다. 그에게 보편적인 인간 이성의 진보는 오직 "계몽 정신을 지닌 사람들의 밝은 빛의 교류를 확대시켜나감으로써만 촉진될 수 있는 것"이었다. 계몽 정신과 빛⋯⋯.

북유럽을 비롯한 다른 지역에서는 12세기에 처음 출현한 미래에 대한 세 번째 개념이 점차 입지를 굳혀가는 중이었다. 그 개념은 이성과 자유, 달리 표현하자면 민주주의와 시장에 대한 믿음을 바탕에 깔고 있었다.

4

혁명과 민주주의, 좌파의 삼중주

이성 지향적 모더니티의 서곡, 18세기

북유럽에서는 물질적 진보를 미래를 바라보는 하나의 관점으로 인정하려는 사고가 서서히 확산되었다. 이성은 차츰 자유로운 가운데 품귀를 관리하는 두 가지 체제, 즉 시장과 민주주의를 강제해나가는 경향을 보였다. 이를테면 시장은 사유재산을, 민주주의는 공공재산을 관리하는 것이다. 그 바탕에는 인간은 누구나 선하게 태어나며 물질적 진보를 누릴 권리가 있는데, 그런 인간이 덕스러운 길을 따르지 않는다면 부실한 사회 조직으로 인해 피해를 입었기 때문이라는 생각이 깔려 있다.

진화의 혁명
—

18세기 초만 하더라도 우리는 고대 그리스 이전의 인류 역사에 대해서는 아무것도 알지 못했다. 그 이유는 우주와 인류의 탄생을 불과 수천 년 전으로 못 박고 있는 성서의 〈창세기〉을 들먹거리지 않으면서 이 세계를 생각할 수 있는 사람이 아무도 없었기 때문이다. 그러니 우주의 진화라는 현실에 대해서는 생각조차 할 수 없는 처지였다. 하물며 인간이라는 종이 오랜 기간을 두고 진화해왔다는 사실을 어떻게 믿을 수 있었겠는가? 하지만 그에 대해 의문마저 없었던 건 아니다. 인간은 언제부터 존재했을까? 수천 년 전에 살았던 사람들은 어떤 사람들이었을까? 그들은 어떻게 살았을까? 그들은 현재의 아메리카 인디언들과 닮았을까? 만일 그렇다면 인류가 오래 전부터 진화를 거듭해왔다고 결론을 내려도 될까? 역사에는 방향이 있는 걸까? 진보가 우리 앞에 있다지만 혹시 우리 뒤에도 있는 건 아닐까?

이상하게도 이러한 질문에 관심을 갖는 사람들은, 가령 블레즈 파스칼처럼 극단적으로 뛰어난 정신의 소유자 몇몇을 제외하고는 매우 드물었다. 파스칼은 성서 속에 등장하는 연대와 중국 왕조 연대 사이의 불일치를 지적하면서, 그 점으로 미루어 〈창세기〉는 필연적으로 은유일 수밖에 없다는 결론에 도달했다. 여전히 신과 인간을 적당히 혼합해서 역사 이론을 만들어가려는 사고방식이 지배적인 시대였다. 1708년 나폴리에서는 철학자이자 역사가인 지암바티스타 비코Giambattista Vico가 "신의 시대", "영웅들의 시대"에서 "인간의 시대"로 이어지는 쇠락의 개념을 제시하면서 궁극적으로 평등과 야만의 회귀라는 결론을 도출했다.

우리가 생각하는 것보다 훨씬 오래 전부터 인류가 존재했으며 진화를 거듭하고 있음을 인정하는 최초의 글도 등장했다. 이 글은 장기적인 관점에서의 진보를 배태하고 있는 이성이라는 개념을 제시했기 때문에 신모더니티의 탄생을 알리는 원조로 인정받고 있다. 무명의 젊은 저자 앙투안 드 쥐시외Antoine de Jussieu는 두 쪽 분량의 "석기의 기원과 활용에 대하여Des origines et des usages de la pierre de foudre"(1723)라는 글에서 당시로서는 처음 선보이는 가설을 세운다. 유럽의 수많은 장소에서 발견되던 잘 다듬어지고 매끈한 석기들은 그때까지 확산되어 있던 '벼락의 산물'이라는 믿음과는 달리 "지금도 아메리카 인디언 사회에서 그 흔적을 찾아볼 수 있는, 야금술에 선행하는 인간 활동의 결과물"일 수 있다는 가설을 제시한 것이다.

"야금술에 선행하는"이라는 말 속에 모든 것이 담겨 있다. 이 말은 인류가 이제까지 믿었던 것보다 훨씬 오래 전부터 존재해왔다는 사실을 인정하자는 제안과 다르지 않다. 물론 호모사피엔스에 선행하는 종의 물리적인 진화를 꿰뚫어보는 직관에 도달한 정도는 아니지만, 적어도 인류의 기술적 축적이 상당히 오랜 기간에 걸쳐 진화되어온 결과물임을 통찰해냈다는 것은 분명하다. 쥐시외는 최초의 인간이 돌을 쪼개어 사용했을 거라고 추정했다. 북아메리카의 일부 원주민 종족들이 18세기까지도 여전히 그 전통을 유지하고 있듯이 말이다. 그의 발견은 대량 학살을 피한 원주민들을 꼼꼼히 관찰한 결과였다.

이 가설은 매우 중요한 시사점을 제시한다. 쥐시외는 훗날 고고학과 기나긴 인류사로 발전할 연구의 초석을 놓았다. 그뿐 아니라,

인류가 이미 수천 년 이래 줄곧 실용적인 지능 활용과 경험을 통해 물질적으로나 이성적으로 꾸준히 진화해왔음을 확인했다. 또한 이로부터 인류가 앞으로도 모든 분야에서 계속 그렇게 해나갈 것임을 예측하게 해주었다.

같은 맥락에서 이듬해 프랑스 예수회 소속 조제프 프랑수아 라피토Joseph-François Lafffiteau 사제는 오랫동안 캐나다에 체류한 끝에 《아메리카 야만인들의 풍습과 태초의 풍습 비교Moeurs des sauvages américains comparées aux moeurs des premiers temps》를 발표했다. 이 책에서 그는 히브리 문명이나 그리스 문명에 앞서 여러 문명이 존재했으며, 이들 문명은 모두 공통적인 뿌리를 가지고 있고, 그 뿌리는 최초의 인간으로 거슬러 올라간다고 주장했다. 이로써 그의 주장은 창세기의 내용에 배치하지 않으면서 일관성을 유지할 수 있었다(덴마크 출신 고고학자 크리스티안 톰센Christian Thomsen이 덴마크국립박물관이 소장하고 있는 화석들의 분류를 통해 석기시대, 청동기시대, 철기시대 등의 구분을 이론화하기까지는 아직 1세기라는 세월을 더 기다려야 했다).

이러한 역사관에 모두가 동의한 건 물론 아니었다. 1734년 영국 출신의 시인이자 정치가인 조지 그랜빌George Granville은 각기 다른 시대가 이어진다는 사실은 인정하면서도, 헤시오도스나 루크레티우스 또는 비코처럼 인류가 악을 향해 나아간다고 믿었다. 물론 유럽 전역에서 벌어지는 전쟁의 참상이나 영국 도시에 산재한 비참함을 감안할 때 이 같은 태도는 충분히 이해할 만하다. 그는 다음과 같은 시를 남기기도 했다.

각 시대는 새로운 범죄를 고안해내는 비상한 능력으로,

이전 시대를 제치려고 발버둥 친다.

하지만 오늘날

우리는 모든 못된 것에서 너무도 완벽한 나머지

우리 아들들이 거기에 더할 것이라곤 없다.

교회도 늘 그래왔던 것처럼 인류의 진보, 앞으로 맞이하게 될 황금시대라는 개념을 타파하기 위해 투쟁했다. 니콜라 트뤼블레 Nicolas Trublet 신부는 "좋은 철학은 이를 부조리하다고 하며, 역사는 이를 부정한다"고 그의 〈석학들의 일기Journal des savants〉 1739년 2월자에 적었다. 이는 1738년 런던에서 출판된 한 무명작가의 《황금기와 행복에 관한 철학적 편지》에 대한 답변이기도 했다.

음악에서의 모더니티

—

음악은 자주, 앞으로 점점 더 그렇게 될 확률이 높지만, 새로운 것과 오래된 것이 대결하는 계기가 되었다. 음악은 또한 민중들이 혁신을 수용하는 데 있어서 맞닥뜨리게 되는 어려운 점들을 고스란히 드러내 보이는 기회이기도 했다. 이른바 '부퐁Bouffons 논쟁'은 프랑스가 새로운 것을 수용하는 데 얼마나 폐쇄적이었는지를 여실히 보여준다. 1733년 파리에서는 장 필리프 라모Jean-Philippe Rameau

가 작곡한 최초의 오페라 〈이폴리트와 아리시Hippolyte et Aricie〉가 공연되었는데, 이 오페라는 륄리Lully가 정립한 기존 오페라의 규칙을 완전히 전복시켰다. 그러자 곧 '라모파'와 '륄리파' 사이에 격렬한 논쟁이 벌어졌다. 륄리파는 라모파가 지나치게 복잡한 화성을 사용하고, 지나치게 멜로디 위주이며, 대본은 지나치게 평이하다고 비난했다. 왕실에서는 여전히 륄리를 선호했다. 그런가 하면 대중은 프랑스 음악이 륄리의 곡이든 라모의 곡이든, 너무 차갑고 추상적이며 복잡하기만 하다고 여겼다.

1752년 왕립음악아카데미는 나폴리 출신 음악단을 파리로 초청했고 이들은 페르골레시Pergolèse의 〈마님이 된 하녀La Serva Padrona〉를 무대에 올렸다. 멜로디 위주의 단순한 음악이었다. 게다가 무엇보다도 프랑스 음악가들에게 친숙한 종교적이고 딱딱한 주제가 아닌 대중적인 주제를 다루는 작품이었다. 이 최초의 오페라 부파(buffa는 이탈리아어로 "우스운", "희한한" 등을 뜻한다)가 엄청난 성공을 거두자 이내 가히 전쟁이라고 할 만한 열띤 논쟁이 시작되었다. 후에 이 논쟁은 "부퐁논쟁"이라고 불리게 된다.

루이 15세의 왕비 마리 레슈친스카Marie Leczynska는 모던파 편에 서서 이탈리아 음악을 옹호했다. 한편 왕의 총애를 받는 후궁 퐁파두르Pompadour 부인은 전통주의자들 편에 서서 프랑스 음악을 지지했다. 여왕의 지정석 바로 아래층 뒤쪽에 포진한 '여왕 측'에는 계몽주의자들(디드로, 달랑베르, 루소, 돌바크, 그림)이 뭉쳤다. 반면 왕의 지정석 바로 아래, 역시 같은 위치에 자리 잡은 '왕 측'에는 보수주의자들(카조트, 프레롱, 팔리소, 디드로가 아직 만나보지 못한 라모의 조카) 이 집결했다. 거의 파리 전체가 논쟁에 가담했다. 장 자크 루소는 《고백록》에서 이 논쟁 장면을 다음과 같이 묘사했다. 물론 자신에 대해 자랑하는 것도 잊지 않았다.

> 파리 전체가 두 편으로 갈라져서 대단한 국가 대사나 종교 문제 라도 되는 양 열띤 논쟁을 벌였다. 거물들과 부자, 여자들로 이루어 진 좀 더 힘이 세고 수적으로도 우세한 쪽은 프랑스 음악을 지지했 다. 반면 보다 활기차고 자부심 강하며 열정적인 상대편은 재능 있 는 천재적 인물들, 진정한 애호가들로 이루어졌다.

그가 어느 쪽에 속했는지는 따로 언급할 필요도 없다! 하지만 싸움은 순식간에 퐁파두르 부인과 보수주의의 승리로 끝났다. 이 듬해인 1753년, 왕은 오페라부파의 공연을 금지한다는 칙령을 발 표했고 "부퐁들"은 이탈리아로 돌아갔다. 같은 시기에 퐁파두르 부 인의 지지를 받은 라모는 〈카스토르와 폴뤽스Castor et Pollux〉로 승 리를 구가했다. 왕실은 뒷걸음질 치며 미래를 향해 나아갔다.

지식의 유통을 통한 진보
—

권위와 전통, 검열에 대한 거부 덕분에 18세기 내내 민주주의와 이를 뒷받침할 사회조직, 임의적인 왕정에 대한 투쟁 등의 구조화를 촉진하는 걸작들의 출판이 잇달았다. 그러한 명저들 가운데 제일 먼저 선보인 몽테스키외의 《법의 정신》은 뚜렷한 목표를 제시했다.

권력의 남용을 막기 위해서는 적절한 현실 안배를 통해 권력이 권력을 멈출 수 있어야 한다.

권력을 가진 모든 인간은 그 권력을 남용하게끔 이끌린다. (……) 적절한 현실 안배를 통해 권력이 권력을 멈출 수 있어야 한다.

그보다 조금 뒤에 등장한 베르사유 왕궁의 위대한 관찰자 아르장송Argenson 후작은 자신의 일기에 다음과 같이 기록했다. "왕정이 계속된 기간 중에서 3분의 2는 지나치게 어리거나 지나치게 나이든 왕, 불구였거나 방탕과 관능에만 눈이 먼 왕들로 채워졌다."

같은 시기에 드니 디드로Denis Diderot는 세 번째 모더니티의 정립을 가속화하는 데 결정적인 역할을 한다. 이성의 진보가 속도를 내기 위해서는 기술적인 지식과 철학 사상이 당대 엘리트들의 손에 닿는 곳에 있어야 한다는 것이 그의 생각이었다. 이것이 바로 장르 롱 달랑베르Jean le Rond D'Alembert와의 부분적인 협업을 통해 디드로가 시작한 "백과전서encyclopédie"의 기능이었다.

최초로 아이디어를 제안한 건 영국의 프리메이슨들이었지만 실제로는 프랑스인들이 주축이 되어 실행하고 발전시켜나간 이 사업

인류는 어떻게 진보하는가

은 가히 이성과 진보, 교조주의 거부, 무지몽매와의 투쟁, 장인들의 기술(디드로는 칼 장수의 아들이었다)에 대한 예찬을 담은 거대한 규모의 송시頌詩였다. "백과전서"는 지식을 한층 더 투명하게 조직하려 했고, 이는 이성의 진보를 위해 반드시 필요한 조건이었다. 하지만 그럼에도 "백과전서"는 산업 전반에 혁명을 가져오게 될 일부 위대한 혁신(예를 들어 증기 기관)을 놓쳤다.

유럽의 그 분야에서는 독보적인 선두 주자였던 "백과전서"는 모더니티에 대해서는 가치에 따른 판단을 유보한 채 전적으로 연대기적인 의미를 부여했다. "백과전서"가 "모던"이라는 표제어에 내린 정의는 전문을 소개할 만한 가치가 있다.

MODERNE 오래된 것, 구시대적인 것과 대조를 이루는 새롭거나 우리 시대적인 것. 모던한 화폐라고 하면 주조된 지 300년이 채 되지 않은 화폐를 가리킨다. 가브리엘 노데Gabriel Naudé•는 라틴 작가들 가운데 보이티우스Boethius••이후에 글을 쓴 모든 작가들을 모던 작가라고 부른다. 모던 시대 사람들에 대한 고대인들의 우월성에 대해서는 많은 논란이 있었다. 그리고 모던 시대 사람들이 많은

• 1600-1653, 프랑스의 사서, 학자, 문필가. 그의 저서 《도서관 설립법》은 훗날 도서관학에 지대한 영향을 끼쳤다.

•• 470년경 로마의 명문가에서 태어난 철학자이자 정치가로 대표적인 저서는 《철학의 위안》이다. 플라톤으로부터 큰 영향을 받은 그는 아리스토텔레스의 논리를 기독교의 여러 문제에 응용했다. 그 공로로 스콜라 철학의 선구자로 일컬어진다. 524년 반역죄에 연루되어 옥사했다.

사람들의 지지를 받았다고는 하지만 고대인들을 지지하는 위대한 인물들도 적지 않았다. 모던이라는 단어는 취향에 대해서도 사용하는데, 이는 고대적인 것에 대한 절대적인 반대의 의미라기보다는 저급한 취향을 가리킨다. 따라서 고딕건축과 비교할 때 모던한 건축이라고 말을 한다면, 그건 그 건축이 아름답지는 않지만 고대적인 취향에 가깝다는 의미가 된다.

MODERNE 형용사(수학 분야), 수학과 물리학의 여러 분야에서 각 분야의 상태와 현재의 성장을 고대인들이 우리에게 전승해준 것의 상태와 비교할 때 모던이라는 용어가 사용된다. 모던 천문학은 코페르니쿠스와 더불어 시작되었다. 모던 기하학은 무한소의 기하학이다. 모던 물리학은 지난 세기 데카르트가 제시한 물리학이며, 이번 세기에는 뉴튼의 물리학을 말한다.

영국에서는 "브리태니커Britannica"라는 다른 형태의 백과사전을 선보였다. 그러는 사이 스코틀랜드 출신의 애덤 스미스는 새로운 모더니티에 지대한 영향을 끼치게 될 두 권의 저서를 집필했다. 1759년에 발표한 《도덕감정론》에서 그는 인간 본성의 원리가 어떻게 정치제도의 설립을 부추기는지를 묘사했다. 애덤 스미스는 이기주의 이론을 비판하면서 인간 각자는 감정이입 능력과 함께 그가 "내면의 인간"이라고 이름 붙인 일종의 초자아를 타고났다고 설명한다. "내면의 인간"은 스스로에 대한 "불편부당한 관찰자"가 되어 행동할 때 이를 고려한다. 그 결과 "행동자와 관찰자들에게 공통적인 인식의 장이 생겨나며, 양자는 함께 정념을 통제할수 있는 규칙 체계(정의에 관한 규칙도 포함) 전반을 만들어나갈 수 있다." 이어서 그는 《국부론》을 출간한다. 그에게 국부의 원천은 노동과 이성이며 국부는 노동의 분업, 자본의 축적, 시장의 성장, 이렇게 세 가지 형태로 발현된다. 경제의 진보는 개인의 해방, 계급의 해체, 민주주의의 탄생과 직결되어 있다. 이와 같이 애덤 스미스가 하나로 묶은 시장과 민주주의는 미래의 모더니티의 두 기둥이 된다.

같은 무렵, 생산에 종사하기 위해 귀족들이 특권을 포기하기에이른 영국, 시장 민주주의의 배아라고 할 수 있는 이곳에서는 직조기나 석탄 채굴기 같은 새로운 기계가 상인보다 더 중요한 대접을받았다. 농부들은 노동자가 되었고, 도시는 확산되었다. 민중들의불행을 등에 업고 엄청난 부가 형성되기 시작했다.

독일에서는 모제스 멘델스존Moses Mendelssohn이 마이모니데스의 《논리학 개론》에 붙인 주석과 토라의 독일어 번역을 통해 유럽의 유대인들(이들은 무조건적인 복종을 강요당하거나 배척당하는 상황에 처해 있었다)에게, 마이모니데스가 이미 그렇게 했듯이, 그들도 정체성을 상실하지 않고 이성의 진보에 참여할 수 있음을 상기시켰다. 멘델스존에게서 영감을 얻은 칸트는 정치계와 교황으로 체화된 종교계, 즉 일시적인 권력의 소유자인 왕 또는 황제와 교회의 결별을완성시켰다. 칸트는 합리적인 입헌국가를 시민사회의 근간으로 보았고, 종교는 사적 영역으로 제쳐놓았다. 그에게 최고의 선이란 덕과 행복의 결합, 다시 말해서 법과 개인의 합일을 의미했다. "감히 알려고 하라. 너 자신이 깨달은 것을 활용하려는 용기를 가져라."

이 두 사람은 다음 세기에 새로운 모더니티를 정립하는 데 있어서 유대인과 독일인이 각각 맡게 될 역할을 미리 내다보기라도 한 듯이 말했다.

일단 이 시점에서는 미국, 그리고 그 뒤를 이어 프랑스에서 이성 지향적 모더니티가 시장 민주화의 밑그림을 그려가고 있었다.

미국독립혁명: 시장 민주주의의 전조
—

이러한 모든 성찰은 혁명으로 귀결된다. 1776년부터 1789년까지 미국독립혁명은 유럽에서 지난 6세기 동안 피눈물 속에 구축되어 오면서도 유럽 대륙에 속한 어느 한 나라에서도 완성된 적이 없는 정치적 모더니티라는 개념을 실현에 옮겼다고 할 수 있다. 요컨대 미국독립혁명은 이성에 기반을 둔 합리적이고 세속적이며, 왕권이 존재하지 않고, 사유재산이 보호되며, 기업할 자유와 개인의 자유가 보장되는 국가의 건국으로 귀착되었다. 시장과 민주주의가 공적인 혹은 사적인 품귀를 관리하는 양대 축을 이루면서 상호 강화되는 사회, 즉 시장 민주주의가 탄생한 것이다. 여기에 대해 알렉시드 토크빌은 "미국독립혁명이 터지자 주권재민이라는 교리가 서민들로부터 터져 나오면서 정부를 장악했다"(《미국의 민주주의 1권De la

Démocratie en Amérique 1》고 분석했다. 하지만 여기에도 제한은 남아 있었다. 아무도 여성에게 선거권을 주겠다거나 노예제도를 폐지하겠다는 생각은 하지 않았으니까.

기억이 배제된 유럽식 유토피아라고 할 만한 이 새로운 국가의 탄생과 더불어 새로운 모더니티는 한층 공고해졌다. 새로운 모더니티는 이성과 인권, 기술 진보, 민주주의, 기업의 자유, 정복 등을 목표로 삼는다. 새로운 모더니티는 새로 탄생한 이 국가의 이념과 상징에 깊이 개입하고 있는 유대 그리스 사상에 뿌리를 두고 있다는 사실을 명백하게 드러낸다. 사실 이 국가는 스스로를 새로운 약속된 땅으로 간주할 정도였다.

미국 헌법을 집필해가는 역사는 이 세 번째 모더니티의 탄생에 있어서 상당히 중요한 순간이라고 할 수 있다. 헌법 전문을 작성하게 될 미국의 국부들, 존 로크와 몽테스키외의 사상에서 자양분을 취한 이들의 목표는 우선 식민지를 구성하고 있으면서 이미 나름대로의 헌법을 가지고 있는 각 주들을 연방이라는 이름으로 묶어 공화국을 탄생시키는 것이었다. 이들 건국의 아버지들은 영국의 식민 지배자들에 대비해서 스스로를 모던한 사람이라고 자처했다. 그런데 이들 영국 식민주의자들도 유럽이라는 관점에서 보자면 가장 개화한 사람들이었다.

미국독립혁명이라는 깃발 아래에서 가장 먼저 이루어진 행위는 1776년의 인권 선언이었다. 토머스 제퍼슨은 존 로크의 《통치론》에서 영감을 얻어 이 선언문을 작성했다. 사유재산권을 인정한다는 내용이 선언문의 제일 앞쪽에 등장한다는 사실이 바로 그 증거라고 할 수 있다. 이듬해 의회는 연방헌법을 제안한다. 식민주의자들이 지향한 지나치게 중앙집권적이고 강력한 국가를 모방하는 일은 피하겠다는 의지를 드러내 보이는 헌법안이었다. 토마스 제퍼슨은 이렇게 주장했다.

> 우리가 투쟁을 통해서 이루려는 국가(……)는 자유주의 원칙, 즉 제한적인 통치 원칙에 입각해서 세워져야 한다. 그뿐 아니라, 그 국가 내에서 권력은 다양한 집단 간에 균형 있게 배분됨으로써 아무도 타인들에 의해 저지당하거나 억제당하지 않고는 법적인 제한을 벗어날 수 없어야 한다. (《버지니아 주에 관한 메모Notes on the State of Virginia》, 13번째 질문)

또 다른 법안 작성자 제임스 매디슨은 몽테스키외의 사상을 끌어들여 연방 국가라는 원칙은 계속해서 팽창하고 있는 영토에 특별히 잘 들어맞는다(《연방주의자The Federalist》)고 설명한 바 있다. 그는 인간이 "탐욕스러운 짐승"으로 변할 수 있기에 권력을 제한하기 위해서는 반드시 정부가 필요하며, 이러한 필요성은 그러므로 "탐욕스러운 짐승"으로 변할 수 있는 인간 본성에 가해지는 비난을 반영한다고 덧붙였다.

미국 헌법은 미국이 영국군에 대항해 싸운 요크타운전투에서 결정적인 승리를 거두기 직전인 1781년 10월 19일에 비준되었다.

1783년 아메리카합중국은 외국 세력들로부터 국가로 인정받았다. 하지만 합중국은 제대로 기능하지 않았다. 국가를 구성하는 각 주들이 비용을 부담하려 하지 않았기 때문이다. 1786년 9월에 소집된 2차 의회에서 알렉산더 해밀턴Alexander Hamilton이 새로운 계획을 수립하는 임무를 맡았다. 그는 일단 다음과 같이 말하며 연방 공화국의 실패를 인정한다. "모든 권력을 다수에게 주면 소수는 억압당하게 된다. 모든 권력을 소수에게 주면 다수가 억압당하게 된다." 1787년 5월 25일 필라델피아에서 열린 3차 의회는 엄격한 권력 분리를 제안하는 새로운 헌법을 채택한다. 헌법은 노예제도의 존립을 인정했으며, 여성에게는 투표권을 부여하지 않았다. 각 주의 비준을 얻은 이 헌법은 1789년 3월 4일부터 효력이 발생했다. 같은 해 4월 6일, 조지 워싱턴은 선거단의 만장일치로 미국 초대 대통령에 선출되었다.

프랑스혁명: 좌파와 우파의 탄생

—

그동안 프랑스에서는 미래에 대한 비전이 없어서 신임을 얻지 못한 왕정이 풍습 면에서나 정치적 관행에 있어서나 민중들과는 완전히 고립된 채 명맥을 이어갔다.

귀족과 성직자 등 특권 수호자들은 1789년 6월 17일 삼부회의의 결과로 결성된 제헌의회의 첫 번째 모임부터 의장의 오른쪽에 자리 잡았다. 그곳이 명예로운 자리로 여겨졌기 때문이었다. 그들은 이런 식으로 과거 지향적인 모더니티, 즉 신앙 지향적 모더니티를 자기들에게 유리하도록 이용했다. 귀족 측에 속한 의원이었던 고빌Gauville 남작은 당시에 대해 자신의 일기에 이렇게 적었다.

우리는 비로소 우리 자신을 알아가기 시작했다. 종교와 왕에게 애착을 보였던 자들은 너 나 할 것 없이 의장의 오른쪽에 몰려 앉았다. 그래야 반대 진영에서 들려오는 고함 소리와 그쪽에서 벌어지는 추잡한 언행들을 피할 수 있었다.

이와는 대조적으로 절대왕정을 반대하는 자들은 의장 왼쪽의 비어 있는 자리에 착석했다. 이렇듯 당시 "왼쪽côté gauche"(또는 팔레 루아얄 쪽coin du Palais-Royal)이라는 표현은 이성 지향적 모더니티를 지지하는 자들을 가리켰다. 〈르 모니퇴르Le Moniteur〉는 이렇게 기록했다.

우연 때문이었든, 아니면 감정적 동질성이 민중의 친구들을 한곳으로 집합시키고 그와 같은 의견을 공유하지 않는 사람들은 멀리하게 만들었기 때문이었든, 여하튼 그들은 자신들이 방의 왼쪽을 차지하고 앉아 있음과 늘 그곳에서 모이고 있음을 깨닫게 되었다.

프랑스 동부 바르뒤Bar-le-Duc 출신 제3계급 대표였던 아드리앵 뒤케누아Adrien Duquesnoy는 8월 25일 회의 당시 방 안의 같은 쪽

(왼쪽)에 이따금씩 상당히 과장된 의견을 피력하기는 하나 대체로 자유와 평등을 상당히 높이 평가하는 자들이 모여 앉았다고 자신의 일기에 기록했다. 그는 오른쪽에 앉은 이들을 두고 "사상이 그보다 훨씬 덜 고급스러우며, 개진하는 견해 또한 훨씬 덜 명쾌한 사람들이라 왠지 심약하다는 느낌을 주었다"고 덧붙였다.

이듬해, 입법의회 기간을 거치면서 골은 더욱 깊어졌다. 제헌의회 의원들이 못 박아 놓은 재선 불가 원칙 때문에 정계가 완전히 물갈이 되어야 하는 상황에 이르자마자 왼쪽과 오른쪽의 균열은 한층 더 공고해졌다.

푀양Feuillant파* 소속이었던 마티외 뒤마Mathieu Dumas는 제헌의회에서 좌파, 즉 진정한 자유의 수호자들이 점유했던 자리는 가장 다혈질적인 새 의원들이 돌격 전진하다시피 달려들어 가로챘다고 기록했다. 계몽 정신에 입각해 온건한 주장을 내세우며 수적으로 이들보다 훨씬 우세했던 사람들은 방의 가운데를 차지했다. 수가 많다 보니 이들은 여러 줄로 촘촘하게 붙어 앉아야 했다. 그 광경 하나만으로도 거의 무관심하다고 해도 과언이 아닐 이들은 자신들이 절대다수라는 느낌을 가질 수 있었고, 덕분에 덜 수줍어졌다. 이렇게 되자 문자 그대로 헌법에 충실한 의원들에게는 이제 이전 의

---

* 프랑스혁명 기간 동안 존재했던 정치 모임 중 하나다. 자코뱅파가 분열되는 과정에서 생겨났으며, 루이 16세 처형에 반대하는 온건한 입헌왕정을 지지했다. 입헌의회 때까지는 제법 강력한 영향력을 행사했으나 그 후 유명무실해졌다.

회에서 우파, 즉 앙시앵레짐* 옹호자들이 점유했던 자리들만 남았다. 입법의회는 초반부터 막을 내릴 때까지 앉는 좌석의 변동 없이 쭉 이어졌다.

1793년의 국민의회 기간 동안 테르미도르파les thermidoriens**는 "혁명을 끝내기"를 원했으며 이를 위해 그들은 "입법 집단의 일터를 전쟁터처럼 생각하는 파당 조직과는 결별하고자 했다"(〈르 모니퇴르Le Moniteur〉, 1795년 9월). "의원들의 자리는 매달 제비뽑기로 정해질 예정이었다. 이렇게 하면 잦은 자리 바꾸기 덕분에 의원들은 서로를 좀 더 잘 알게 될 것이며, 의원 각자의 의견도 좀 더 효과적으로 개인화될 수 있으므로, 이를 일반적인 견해로 가다듬는 일도 훨씬 수월해질 것이다." 실제로 이 시기는 완전한 혼돈이었고 좌파든 우파든 상당수가 단두대에 오르는 참담한 결과를 낳았다.

집정 내각 이후에는 보다 평화로운 시대가 열렸다. 그러나 여전히 이성 지향적 모더니티는 '좌파적'인 것을, 신앙 지향적 모더니티는 '우파적'인 것을 가리켰다. 게다가 이는 머지않은 장래에 전 세계적으로 통용되는 진실이 된다.

---

* 흔히 구체제라고 옮기는 앙시앵레짐은 1789년 프랑스혁명 발발 이전 시기에 통용되던 절대 군주 체제 또는 그 체제의 기득권자들을 일컫는다. 전체 인구의 2퍼센트에 불과한 제1, 2신분(성직자, 귀족)이 나머지 제3신분에게 각종 세금을 부과하여 자기들만 특권을 누리는 불평등한 체제에 대한 불만이 누적되면서 혁명으로 이어졌다.
** 프랑스혁명 기간 동안 의회에서 독재 체제를 수립한 로베스피에르에 항거함으로써 1794년 그의 단두대 처형이라는 성과를 얻어낸 의원들을 가리킨다.

인류는 어떻게 진보하는가

모던한 국가의 탄생

—

결국 미국독립혁명과 프랑스혁명은 지난 여러 세기 동안의 가다듬어지지 않은 생각들이 로크에서 루소, 비코에서 홉스, 로크에서 몽테스키외 등으로 이어져 내려오면서 차츰 정련된 결과물이다. 제헌의회에서 집정 내각까지 수많은 우여곡절을 겪으며 나라 안팎의 적들에게 둘러싸여 있던 프랑스의 경우, 혁명은 귀족과 교회의 특권을 타파하고, 인간으로서의 권리를 선언하며, 아동과 여성을 극단적인 구속에서 해방시키는 역할을 했다. 프랑스혁명은 미국독립혁명과는 달리, 합리적인 조직 체계, 사회 통제, 문서 보관, 감시를 위한 이성적인 수단을 통해 로마제국으로부터 물려받은 중앙집권적인 왕정 국가를 유지했다. 또한 헌법 체계와 정치적, 관료적 조직을 갖춘 모던 국가의 기틀을 마련했다.

헤겔에게 프랑스라는 국가는 "정신의 구체적인 형상화, 자유의 원칙과 조화의 원칙이 화해하는 곳"(《정신현상학》)이면서, 동시에 인류가 이들 원칙을 인정하고 실현하는 시대로 진입하기 위한 수단이었다. 그렇지만 왕이 사회 평화를 보장하지 못할 경우, 개인들이 왕에게 항거할 권리마저 박탈당하지는 않았다.

국가는 즉각 도량형을 통일하고, 전국의 행정구역을 도道 단위로 나누는 정책을 실시했으며, 기술자 양성을 위한 고급 교육기관의 창설을 서둘렀다. 1799년 내무장관은 비밀의 전통에 종지부를 찍을 것을 요구했다. "독재 군주제는 국사를 신비스러운 비밀투성이로 만들어버리곤 했다. 독재 군주에게는 국사라고 해도 오직 한 사람의 개인적인 용무로 보였고, 백성은 전혀 고려의 대상이 아니었다." 똑같은 원칙이 국제적인 차원에서도 마땅히 적용되어야 할 것이었다. 그러나 현실에서는 얼마 지나지 않아 독재가 당당하게 귀환했다.

칸트에 따르면 민간 사회 속 개인들이 야만적인 행위에서 벗어나 평온한 삶을 누리기 위해 서로 단결하는 것과 마찬가지로, "보편적 왕정" 내에서는 국가들도 유일한 심판의 권위 아래에서 단결하여 "영속적인 평화"를 획득해야 한다. 영속적인 평화는 통일된 사회를 형성함으로써 본래적인 계약을 완성시킨다는 것이다.

여기서 우리는 합리적이고 평화로우며 보편적인 사회라는 새로운 미래관이 등장하는 것을 알 수 있다. 그러는 동안에 미국에서는 한층 지방분권화 되고 실용적이지만, 정복에 대한 야욕만큼은 과거에 비해 전혀 줄었다고 할 수 없는 시장 민주주의의 실험이 진행되고 있었다.

풍습의 모던화

—

북유럽과 미국에 비해 뒤떨어졌던 프랑스는 혁명 덕분에 이들 국가를 단번에 따라잡을 수 있게 되었다. 변화는 풍습 면에서 두드러졌다. 1791년 헌법은 다음과 같이 결혼의 세속화를 명문화했다.

"법은 혼인을 민간 계약으로만 간주한다." 플로레알Floréal• 2년, 법은 기질 차이가 있고 당사자 상호 간의 동의가 있을 때 이혼할 수 있음을 인정했다.

이와 동시에 복장도 자유화되었다. 스타킹, 가발, 가루분 등은 자취를 감추었다. 처음에는, 그러니까 입법 의회와 국민의회 시절에는 남녀 할 것 없이 단정하지 못한 옷차림으로 나다니더니, 집정 내각 시대에 이르러서는 공포정치의 종말을 축하하려는 듯 미친 듯한 차림새가 유행했다. 그 시기가 끝나자 효율적이고 실용적인 차림이 등장하더니 급기야 제정 시대에는 앙시앵레짐 하에서 유행하던 화려한 차림새가 다시 등장했다.

하지만 이내 모든 것이 다 바뀐다. 샤토브리앙François René de Chateaubriand••은 《무덤 너머의 회상Mémoire d'outre-tombe》에서 천편일률적으로 변해가는 남자들의 차림새를 묘사했다.

의상의 다양성은 이제 끝났다. 구세계는 사라져간다. 우리는 신세계의 표상이라도 되는 양 모두 똑같은 모양의 겉옷을 입었는데, 그 겉옷으로 말하자면 이제 곧 형을 받게 될 죄수들이 마지막까지 걸치는 옷에 지나지 않았다.

• 프랑스혁명 당시 사용하던 혁명력의 여덟 번째 달을 가리킨다. 그레고리력에 따르면 대략 4월 20일에서 5월 19일까지의 기간에 해당된다.

•• 1768-1848, 프랑스의 작가, 정치가, 외교관, 역사학자. 《아탈라》, 《기독교의 정수》 등 낭만적인 서정이 가득한 작품을 남겼다.

여자들의 경우에는 점점 더 다양성이 원칙으로 자리를 잡아 갔다. 프랑스에서 복수형으로 쓴 "모드modes"라는 단어는 이제 여자와 어린이를 위한 의복과 액세서리를 가리키는 용어가 되었다. 프랑스에서 시작된 이 용법은 그 후 다른 언어권으로도 확산되었다. 새로운 모드를 대중화하는 잡지와 판화들도 우후죽순처럼 늘어났다. 파리에서는 특히 1797년 출판업자 장 바티스트 셀레크Jean-Baptiste Sellèque가 〈주르날 데 담 에 데 모드Journal des dames et des modes〉를 창간했는데, 이 잡지는 그 후 30년 동안 피에르 앙투안 르부 드 라 메장제르Pierre-Antoine Leboux de La Mésangère라고 하는 희한한 신부가 이끌었다. 그는 팔레 루아얄 같은 잘 알려진 산책로나 정원, 재단사들과 모자 제조인들이 새로 만든 제품들을 전시하는 극장 로비 등 파리에서 유행이 창조되는 모든 장소를 방문하기로 유명했다. 그는 직접 기사를 작성하고 판화 제작에도 참여했다. 그가 발행하는 잡지는 집정 시대, 제정 시대, 왕정복고 시대를 두루 거치면서 한 번도 중단되거나 검열에 걸리지 않았다.

이로써 미래가 이 세계의 밖에 위치하던 기나긴 시대가 마침내 막을 내렸다. 이제 모든 분야에서 자유의 쟁취야말로 모더니티가 추구하는 목표가 되었다. 권력자들은 그들이 누리는 자유를 보호하려 했고, 힘없는 자들은 자유를 쟁취하고자 했다. 하지만 둘 다 합리적인 이성의 지배를 받는다는 점은 똑같았다.

5

시장 민주주의는
새로운 복음인가

이성 지향적 모더니티의 승리, 19세기

19세기 서양에서 상인, 곧 부르주아는 자신의 이데올로기를 신봉했다. 그들의 자유를 신장시켜주고, 이를 위한 부를 생산해내며 기술적 진보를 가능하게 해주는 것은 모던한 것이었다. 오직 시장 민주주의만이 그들의 권력을 보장해줄 수 있었다. 오직 이성만이 모던하며, 시장경제만이 효과적인 것이었다. 오직 성장만이 시장경제를 결정하며, 이익을 통해서만 시장을 가늠할 수 있었다. 철학자들과 정치사상가들은 서서히 경제학자들로 대체되었다. 새로운 집단이 권력을 잡을 때마다 늘 그렇듯이 새로운 지도 계급은 자신의 이념적, 물질적 권력을 강화해주고 자신의 역사관을 공고히 해주며 미래를 위해 이를 뿌리내리게 해주는 변화만을 모던한 것으로 간주했다. 모더니티는 이제 시장과 민주주의를 제도적 규범으로, 이성을 궁극적인 목표로 정립시키는 변화를 의미하게 되었다.

지배계급, 즉 부르주아들은 자신들이 정한 것이 아니면 어떠한 법이나 규정에도 따르지 않기로 결정했고 스스로 이해할 수 있는 것만을 진실로 받아들였다. 신앙은 사적인 영역으로 추방하고, 신이 존재하지 않는 것처럼 행동했다. 아니, 더는 신이 존재하지 않는 세계를 스스로 건설했다. 인간은 이제 합리적이고 자유로우며, 자연의 주인으로서 자연을 개선할 임무를 짊어졌다. 인간은 자신이 품귀라는 운명에서 벗어날 수 없으며 따라서 시장과 민주주의를 통해 품귀를 합리적으로 관리해야 할 필요가 있음을 알게 되었다. 또한 진보는 인간을 가두고 있는 감옥의 벽을 넓혀줄 뿐, 그곳을 완전히 벗어나게 해주지는 못한다는 사실도 알게 되었다. 인간은 반드시 죽는 존재이므로, 그들은 더 이상 인간의 불멸성을 믿지 않았다. 따라서 불멸성으로 향하던 미래에 대한 계획을 자손의 행복 쪽으로 틀었다.

개인의 독립에 대한 열망

—

1819년 유럽 대륙이 혁명과 나폴레옹이라는 소용돌이 속에서 허우적거리며 애타게 평화를 갈구하던 무렵, 프랑스가 낳은 문필가이자 정치가였던 뱅자맹 콩스탕Benjamin Constant은《모던파에게 있어서 자유De la liberté chez les Modernes》라는 상당히 비중 있는 저서를 통해 앞으로 건설하게 될 새로운 사회의 원칙을 제시했다. 이 원칙은 비단 프랑스뿐만 아니라 유럽 전역에 걸쳐 유효했다. 그가 보기에 "고대인들이 누리던 자유"는 아테네처럼 동일한 역사를 공유하는 시민들이 논의할 일이 있으면 한자리에 모일 수 있는 소규모 사회에서만 의미를 지닐 수 있었다. 아테네보다 훨씬 큰 규모의 국가에서 "현대인들의 자유"는 자유를 보장해줄 의무를 지닌 국가와 시민의 대표라고 불리는 사람들을 매개로 하는 제한적 참여에 기초하는 수밖에 없다.

우리가 현대사회에 살고 있는 만큼 나는 현대사회에 어울리는 자유를 원한다. 정치적 자유는 이러한 자유를 보장해준다. 그러므로 정치적 자유는 반드시 필요하다.

콩스탕은 개인의 자유에 대한 정의도 내렸다.

현대인들은 안전한 가운데 개인적인 향유를 보장받고자 한다. 현대인들은 제도와 기관에 의해 이러한 향유가 보장될 때 그것을 자유라고 부른다.

그러므로 정치제도는 모든 권력 남용을 배제하기 위해서 섬세하게 구속적일 필요가 있다.

보편적인 의지를 통해 발현되지 않은 모든 권위는 의심할 여지없이 불법적이다. (……) 개인적인 실존의 자율성이 시작하는 곳에서 이와 같은 주권의 권한은 멈춘다. 사회가 이 선을 넘는다면 이는 죽음의 칼이라 불렸던 독재 군주만큼이나 죄를 짓는 것이다. 권위의 정당성은 그 권위의 대상에도 달려 있지만, 그에 못지않게 권위의 원천에도 달려 있다.

콩스탕은 자신이 공포정치 하에서 직접 겪음으로써 미래를 위해 위험하다고 느낀 것을 이론화했다. 제한을 두지 않으면 주권자로서의 민중은 이론적으로는 '민주적'이겠지만, 실제로는 신권을 부여받았다고 주장하는 왕정보다 훨씬 고약한 정부가 들어서는 사태를 무기력하게 방치할 수도 있다는 것이 그의 주장이었다. "법은 일반적인 의지의 표현이므로, 혁명가들에게 법은 다른 어떤 권력, 심지어 기억과 시간이라는 권력보다도 우월한 것이어야 한다." 그는 또한 다음과 같은 암울한 예언도 남겼다.

권력이 모든 사회적 공간을 점령하도록 방치한다면 이는 집단으로서의 민중에게 개별적인 민중의 홀로코스트를 자행하도록 내버려두는 것이나 마찬가지다. 모든 명령과 모든 금지에는 그럴 듯한 동기가 있을 수 있다. (……) 그 같은 논리 때문에 오늘날 프랑스는 거대한 감옥이 되고 말았다.

콩스탕은 확실하게 시장과 민주주의를 결합시킨다. "상업은 인간에게 개인적인 독립에 대한 열렬한 사랑을 불러일으킨다." 현대인은 그러므로 오직 경제적 영역에만 집중하겠다는 이유로 자신의 정치적 권리를 포기해서는 안 된다. 그중에서도 특히 언론의 자유는 매우 중요하다. "모든 민법적, 정치적, 사법적 제한은 언론의 자유 없이는 환상에 불과하다."

이제 새로운 모더니티의 초석이 놓였다. 적절한 용어를 발명해내는 일만 남았다.

모더니티!
—

1822년, 앞 장에서 자주 언급했던(고의적으로 시대착오적인 사용이었다) "모더니티"라는 말이 처음으로 등장했다. 이 용어의 출현은 프랑스어에서 가장 빨랐다. 발자크가 젊은 시절에 쓰고, 오라스 드 생 오뱅Horace de Saint-Aubin이라는 청년 시절의 필명으로 발표한 소설 《백 세 노인 또는 두 명의 브랭겔Le Centenaire ou les deux Beringheld》에 등장할 때만 해도 이 단어는 중성적인 의미로 쓰였다.

> 3세기에 걸친 세월이 낳은 숭고한 사상들 가운데에서 박물관, 그러니까 모더니티가 움텄던 모든 시기의 모든 화가들에 의해 세워진 이 훌륭한 기념물을 바라보노라니.

이 글에서 모더니티라는 용어는 단순히 어원적인 의미에서 특정한 어느 순간에 일어나는 것을 가리킨다. 그런데 이 글에서 조금

떨어진 곳에 나오는 "이집트의 피라미드와 모더니티의 치졸한 건축물들 사이에 존재하는 차이점"이라는 표현에서는 모더니티에 대한 부정적인 함축이 느껴진다.

이듬해인 1823년, 스탕달은 고전주의le classicisme에 반대한다는 내용을 담은 소책자 《라신과 셰익스피어Racine et Shakespeare》에서 낭만주의le romanticisme를 두고 "모던한" 예술 사조, 즉 고대인들이 즐겨 다루던 주제가 아닌 당대의 풍습과 국가의 역사에서 따온 주제를 글감으로 삼는 태도라고 설명한다.

모든 예술에 있어서 낭만적인 것은 지금의 우리와는 아득히 멀 뿐 아니라 십중팔구 실제로는 존재조차 하지 않았을 수도 있는 영웅시대의 인간들이 아니라 오늘날의 인간들을 재현하는 것이다.

모더니티는 여기서도 여전히 확실하게 좌파와 결합한다. 그리고 낭만주의는 좌파의 한 표현 형태이고자 한다. 1824년 스탕달은 살롱에 대해 쓴 글에서 "회화에 대한 그의 견해는 극좌파의 견해와 다르지 않다"고 전제하면서 정치에 있어서는 "대다수 사람들이 그런 것처럼 그 자신도 중도좌파"라고 덧붙였다.

그러는 사이, 거듭되는 기술적 진보는 일상생활을 혁명적으로 바꿔놓으면서 이성을 중심으로 하는 미래 비전을 강요하기 시작한다. 가령 작업장에서 증기기관이 보편화되는가 싶더니 기차와 배 같은 교통수단에도 증기기관이 쓰이면서 인간은 말보다 빨리 달릴 수 있게 되었다. 수공업 장인들은 노동자가 되었고, 일부 상인들은 제조업자가 되었다. 노동의 분업은 가속화되었고, 공장은 모더니티의 상징이 되었다. 농촌 출신 노동자들과 어린이들은 도시의 작업장과 공장에 갇혀 지내는 신세가 되었다.

1826년에 처음으로 등장한 사진술로 인해 현실을 바라보는 시선이 완전히 달라졌다. 예술 작품을 대하는 관점에도 전폭적인 변화가 왔다. 이제 종교는 구속력을 잃었고, 여유 있는 여자들은 옷차림을 통해 보란 듯이 자신의 부를 겉으로 드러냈다. 시장 민주주의는 아직도 극소수 영향력 있는 인사들만을 위한 수단에 불과했다. 문학은 세계와 미래를 생각했고, 샤토브리앙은 발자크나 스탕달 같은 작가들과 마찬가지로 혁명과 결별한 후 그가 몸담고 사는 시대가 지닌 돌이킬 수 없는 새로움에 설득당했다. 발자크의 《백세 노인 또는 두 명의 브랭겔》이 나온 지 11년 후인 1833년 5월 19일, 샤토브리앙은 《무덤 너머의 회상》을 발표한다. 그는 이 책의 4부에서 첫 번째 프라하 여행에 대해 언급하며 "모더니티"라는 용어를 사용한다. 여기에서는 자연, 과거의 아름다움과 대조를 이루는 대목에서 사용했기에 경멸적인 의미를 지닌다고 보는 것이 타당하다.

천박함, 세관과 여권이 지니는 모더니티는 소나기와 고딕식 출입문, 뿔나팔 소리, 개울물 흐르는 소리 등과 대조를 이루었다.

발자크를 잠시 잊은 작가는 훗날 자신이 이 글에서 처음으로 모더니티라는 용어를 만들어 썼다고 으스댔다.

같은 무렵, 잡지계에서 이미 활약하고 있었던 에밀 드 지라르댕Émile de Girardin*은 〈주르날 데 담 에 데 모드〉를 사들였다가 1831년 자비에 뒤 푸즈레Xavier du Fougerais에게 되팔았다. 보수주의자였던 푸즈레는 지라르댕에게서 〈라 모드La Mode〉도 사들였다. 〈라 모드〉는 지라르댕이 그보다 2년 전에 창간한 잡지로 발자크, 샤를 노디에Charles Nodier, 알퐁스 드 라마르틴Alphonse de Lamartine, 쉬Sue 같은 작가들의 글이 지면을 차지했다. 같은 해인 1831년, 30년 넘게 〈주르날 데 담 에 데 모드〉를 지휘하던 라 메장제르 신부가 사망하자, 이 유서 깊은 잡지는 1836년 결국 사라지게 된다. 1836년은 지라르댕이 일간지 〈라 프레스La presse〉를 창간한 해로, 이 신문이 엄청난 성공을 거두면서 언론에 혁명적인 변화가 몰려왔다. 이로써 언론은 광고를 통해 돈을 벌어들이는 모더니티의 시대로 진입한다.

게다가 발자크는 "광고publicité"라는 용어를 발명하고 이를 요즘과 같은 의미로 사용하는 최초의 인물로 등극한다.(1837년에 쓴 《세자르 비로토César Birotteau》라는 작품에서 젊은 포피노는 "활발한 광고"를 통해 "머리카락용 오일" 사업을 시작한다.) 그리고 1840년 "광고를 전문으로 하는" 신문 〈라 퓌블리시테La Publicité〉가 첫 선을 보인다.

• 1802-1881, 프랑스의 언론인, 정치가. 일간신문 〈라 프레스〉를 창간했다. 구독료를 파격적으로 낮추어 다수의 독자를 확보하는 대신 광고를 도입해 신문사의 수입을 올리는 시스템을 창안한 것으로 유명하다.

19세기의 첫 분기 때만 하더라도 남자들 사이에서는 검은색 의상이 유행이었다. 보들레르는 이런 글도 남겼다.

그것이야말로 병든 데다 검고 마른 어깨에까지 영원한 애도의 표시를 달고 다녀야 하는 우리 시대에 가장 필요한 옷이 아니겠는가? 검은 옷과 프록코트는 보편적 평등의 표현인 정치적 아름다움을 지녔을 뿐 아니라, 공적인 영혼의 표현인 시적 아름다움도 지니고 있음에 주목하라. 정치적으로 음울한 자, 연애 때문에 음울한 자, 음울한 부르주아 등 대대적으로 이어지는 음울한 자들의 행렬. 우리는 모두 무언가를 장례 지낸다. 《1846년의 살롱Le Salon de 1846》

모더니즘: 새로운 것의 전통
—

신천지 아메리카에서도 모더니즘이라는 용어가 등장했다. 이곳에서는 전 세계의 패권을 장악하려는 미국의 야심을 가리키는 의미로 사용되었다. 그러한 야심을 지지하는 사람들은 그 이유를 두고 미국이 스스로를 보편적이고 현대적이라고 간주할 수 있는 유일한 국가이기 때문이라고 설명한다. 그러한 생각은 1837년 미국 출신 작가 랄프 왈도 에머슨Ralph Waldo Emerson의 "미국 학자The American Scholar"라는 연설에서 처음으로 표출되었다. 이 강연에서 그는 미국 작가들에게 유럽으로부터 벗어나 그들만의 고유한 문체를 창조할 것을 요구하면서 늘 새로운 것을 변호하는 것이야말로 미국식 사고의 특징이라고 주장했다. 그로부터 오랜 시간이 지난 후 예술 평론가 헤롤드 로젠버그Harold Rosenberg가 지적했듯이 19세기 이후 미국에서 유일한 전통은 "새로운 것의 전통"이었기 때문이었다. 새로운 모더니티와 훗날 당면하게 될 미국식 제국주의에 대해 이보다 더 간결한 정의가 또 있을까?

모더니티는 서양 전역에서 서서히 오늘날 우리가 잘 알고 있는 의미를 지니게 된다. 이 단어가 프랑스어에서 이런 의미로 처음 사용된 것은 보들레르가 콩스탕탱 기Constantin Guys라는 데생 화가에 대해 쓴 글에서였다.

> 이 자는…… 우리가 모더니티라고 불러도 좋을 만한 것을 추구한다. (……) 이 자는 유행하는 것들을 통해 시대적인 것 속에서 드러나는 시적이라고 할 만한 것, 일시적인 것에서 항구적인 것을 끌어내려 한다. 《1846년의 살롱》

보들레르는 이를 통해 "아름다움에 대한 유일하고 절대적인 이론과 대비되는 합리적이고 시대사적인 이론"을 도출해낸다. 아름다움이란 "영원하고 불변적인 요소"와 "상대적이고 그때그때 상황에 따른 요소"로 이루어진다는 것이다.

부르주아식, 프롤레타리아식 모더니티

—

이성 지향적 모더니티는 부르주아의 전능을 확인하는 데에 목적이 있었다. 그러나 노동자 계급과 농촌을 떠나 도시 빈민촌으로 몰려온 대다수 이주민들이 처한 상황은 항거를 일으키지 않기에는 너무도 열악하고 끔찍했다.

1848년 민중의 봄은 훗날 빅토르 위고가 〈악마의 종말La Fin de Satan〉에서 썼듯이, 이상 지향적인 모더니티가 모두에게 접근 가능해질 것이며 이성의 빛이 무지의 암흑에 결정적인 승리를 거두리라는 희망을 안겨주었다. 이성 지향적인 모더니티는 하나의 원대한 계획, 하나의 보편적인 희망이 되었다.

카를 마르크스는 헤겔의 변증법에서 출발해 부르주아의 모더니티를 찬미했다. 그는 부르주아의 모더니티에 대해 다음 두 가지만을 비난했다. 자신의 이익을 위해 민중에게 새로운 형태의 소외와 착취를 강요하는 것, 그리고 의식을 이론적으로 해방된 존재인 시민과 현실적으로 종속 상태인 프롤레타리아로 구분한다는 점이다. 마르크스는 이성 지향적인 모더니티가 자본의 세계화를 통해 지구 전체를 정복하게 되면, 이 모더니티의 새로운 형태가 나타나게 될 것이라며, 그에 대해 다음과 같이 예언했다.

교대 근무 노동에 대해 맞설 줄 알며 (······) 자신의 역할을 수행하는 가운데에서도 선천적으로 타고났거나 후천적으로 습득한 자신의 역량을 다양하게 펼치기 위해 도약할 줄 아는 인간을 창조함으로써 프롤레타리아를 필두로 하는 모든 인간들에게 자신들의 미래를 진정 자유로운 것으로 생각하게 만들 것이다. 《자본론》, 1)

그러므로 그가 말하는 모더니티의 새로운 형태, 즉 사회주의는 인간 모두가 이성 지향적 모더니티에 접근하게 되는 것을 의미했다.

좀 더 명확하게 말하자면 마르크스에게 사회주의는 개인의 자유에 따른 미래 사회를 건설하는 것이 아니라, 사회의 변화를 통해 모든 개인의 실재적인 자유를 구축하는 것이었다고 할 수 있다. 그가 말하는 사회의 변화란 필연적으로 전 지구적이면서 자본주의 이후에 나타나는 것이어야 했다. 훗날 사람들이 잘못 알고 말하듯, 국가적인 차원으로 제한되면서 자본주의와 공존하는 가운데 동시대적으로 일어나는 변화가 아니라는 말이다.

그러니까 마르크스는 일단 부르주아의 모더니티가 모든 이들로 하여금 모더니티에 접근할 수 있는 통로를 만들어준 다음, 그 뒤를 이어서 절대적인 풍요와 재산의 완전한 무상성에 토대를 둔 새로운 형태의 모더니티가 출현하게 될 것이라는 낙관적인 역사 철학을 제안했다고 볼 수 있다. 그는 품귀를 관리하는 시장 민주주의가 먼저 재화를 균등하게 분배하는 사회주의로 대체될 것이고, 그다음으로 전 지구적인 차원에서 풍요를 분배하는 공산주의로 대체될 것이라고 보았다.

마르크스는 오직 물질적인 힘과 사회적 투쟁만으로 이렇게 될 것이라고 내다보았다. 이 두 가지가 사고의 변화를 결정하기 때문이다.

물질적인 삶을 생산하는 방식이 일반적으로 사회적, 정치적, 지적 삶의 진화를 결정한다. 인간의 실존을 결정하는 것은 인간의 의식이 아니다. 오히려 그와 반대로 사회적 실존이 그들의 의식을 결정한다. 《정치경제학 비판》

카를 마르크스와 마찬가지로, 같은 시기에 토크빌은 역사의 역동성, 다시 말해 모더니티의 관점에서 시장 민주주의 미래 비전의 의미를 두고 고민했다. 그도 마르크스처럼 소수 납세 유권자들의 민주주의가 대다수 대중 민주주의로 대체되는 건 필연적이라고 예상했다. 그렇게 되면 엘리트를 위해 봉사하는 규율과 헌신, 위계질서에 의존하는 민주주의의 도덕적 토대가 사라지면서 평등과 안전, 복지에 대한 개인적인 열망들이 결합해 "거대한 후견인적" 권력을 낳게 될 것이라고 내다보았다. 다시 말해 토크빌은 부르주아식 모더니티가 결국 부르주아가 비판하는 '평등'에 도달할 것이라고 보았다.

이 똑같은 부르주아식 모더니티가 마르크스에게는 자유 획득을 위한 필요조건이었음을 상기해보자. 19세기를 통틀어 모더니티에 관한 한 가장 위대했던 이 두 인물의 생각은 이렇듯 사람들이 흔히 상상하는 것보다 훨씬 가까웠다고 볼 수 있다.

19세기식 신앙고백

—

터전과 뿌리를 잃은 농민들이 공장에 갇혀 지내는 신세가 되었음에도 민중의 절대다수는 기술적 진보와 산업 성장이 가져다줄 이익에 대한 믿음을 갖고 있었다. 이들은 그 이익의 재분배에 대해서만 불만을 가질 뿐이었다. 진보는 필연적으로 시장 민주주의의 일반화로 이어질 것이라고 사람들은 믿었다.

구성원들에게 요구하는 노력과 관련해 당시의 세속적인 사회 역시 예전에 교회가 그랬던 것처럼 도덕적 의미를 부여하고 역사적인 비전을 제시할 필요가 있었다. 이렇게 되자 산업사회는 지난 시대의 신앙 지향적인 모더니티의 용어를 그대로 차용해서 썼다.

1854년 프랑스 출신의 기자이자 정치가였던 외젠 펠르탕Eugène Pelletan은 기독교 용어를 새로운 정신으로 포장해 재활용하는 것을 가리켜 "19세기의 신앙고백"이라고 표현했다. 그에게 진보는 "우리 운명을 밝혀줄 살아 있는 새로운 복음"이었다.

같은 시기에 오귀스트 콩트도 "인류의 종교"를 제안하면서 예수회 교구장에게 세계의 질서와 평화 구현에 동참할 것을 권유했다. 콩트는 인간 이성과 과학, 문명의 진화 과정에서 자연적인 법칙을 보았으며, 그 법칙에 의해 "해방시켜주는 진보"가 궁극적으로 승리를 얻게 될 것이라고 예상했다. 콩트에 따르면 인간의 정신(이는 광의로 볼 때 인류 전체라는 의미도 된다)은 "신학적 혹은 가상적 단계", "형이상학적 혹은 추상적 단계" 그리고 "과학적 혹은 실증적 단계"

이렇게 세 가지 연속적인 단계를 거친다. 처음 단계에서 인간은 이해하지 못하는 자연현상에 의미를 부여하기 위해 신을 발명해낸다. 두 번째 형이상학적 단계에서는 첫 단계에서 만들어낸 가상적인 피조물들이 루소의 《사회계약론》에서처럼 이념적이고 추상적인 피조물들로 대체된다. 마지막으로 과학적 단계에 이르면 진리란 오직 과학을 통해서만 도달할 수 있는 것이 된다. 콩트는 "진정한 실증 정신은 무엇보다도 예견하기 위해 관찰한다. 다시 말해서 존재하는 것을 연구하여 그로부터 앞으로 어떻게 될 것인지에 대해 자연법칙의 불변성이라고 하는 일반적인 교리에 따라 결론을 내는 것"이라고 역설했다. 이것이 바로 이성 지향적인 모더니티가 아니고 무엇이겠는가.

교회는 적들이 자신의 용어를 전유하는 추세에 반대하고 나섰다. 1861년 교황 비오 9세는 "얌두둠 체르니무스Jamdudum cernimus"라는 제목의 연설에서 "모더니티 혹은 새로움이라는 것은 진리의 기준이 되지 못한다"고 말했다. 그로부터 3년 후, 역시 교황 비오 9세는 〈오류표Syllabus〉(금서 목록)를 통해 "현대적" 제안 80개 조항을 비판했다. 그 80가지 비판 중에는 자유주의, 사회주의, 합리주의, 프랑스 교회 독립주의, 범신론, 자연주의와 절대적 합리주의, 절제된 합리주의, 무관심주의, 관용주의, 공산주의, 비밀결사 단체, 성서 공동체, 자유주의적 성직자 단체, 교회와 교회의 권리와 관계된 오류, 그 자체로서의 혹은 교회와의 관계 속에서 바라본 민간 사회와 관계된 오류, 자연적 도덕과 기독교적 도덕과 관계된 오류, 기독교식 혼인과 관계된 오류, 로마 교황을 민간 직책인 원로원 의장 정도로 간주하는 오류, 현대적 자유주의와 관계된 오류 등이 포함된다. 교황은 특히 "로마 교황은 진보와 자유주의, 현대 문명과 화해할 수 있어야 하며 그렇게 해야 한다"는 제안에 대해 강력한 거부감을 나타냈다.

이 시대의 이상한 아름다움
—

1841년 미국에서 유연한 금속으로 만든 튜브형 물감(프랑스에서는 1859년에 상품화되었다)과 이동 가능한 이젤이 발명됨으로써 예술가들의 야외 작업이 가능해졌다. 이들은 풍경 속에서 영감을 얻으며, 사진 분야에서 이미 20년 전부터 해왔듯이 동시대적인 주제에 관심을 기울일 수 있게 되었다. 이는 획기적인 변화로, 이성 지향적 모더니티에 새로운 지평을 열어주는 일대 사건이었다. 이로써 동시대 문제에 관심을 갖는 예술로서의 '모던' 예술을 대상으로 하는 이론화 작업이 활발하게 진행되었다.

1855년 보들레르는 〈모던한 삶에 있어서의 영웅주의De l'héroïsme de la vie moderne〉와 〈미술에 적용해본 모던한 진보의 개념에 대하여 De l'idée moderne du progrès appliquée aux Beaux-Arts〉 그리고 1859년에 열린 살롱에 대한 글 등을 차례로 발표했다. 보들레르에게 모더니티란 자신들이 몸담고 사는 시대를 사랑하고 이를 예찬하려는 의지를 뜻했다. 그는 "전적으로 모던해져야" 하며 근엄하고 신성불가 침한 고전주의의 예술 규범으로 이를 비판하지 말고 내가 사는 시 대가 표방하는 "이상한bizarre" 아름다움의 신봉자가 되어야 한다 고 주장했다. 그는 모던한 화가라면 더 이상 고대식 복장을 한 인 물들을 그리지 말고 현재에 사는 인물들을 보여주어야 하며, 사실 현재라고 해도 화폭에 인물을 담는 순간 그는 이미 과거의 인물이 되고 만다고도 말했다. 그는 모더니티에 대한 유대 그리스식 개념 을 다시금 인용하면서 "문명이란 원죄의 흔적을 지워가는 것"이라 고도 덧붙였다.

1858년 테오필 고티에Théophile Gautier(보들레르는 그를 가리켜 "흠잡 을 데 없는 완벽한 시인"이라면서 자신이 쓴 《악의 꽃》을 헌정했다)는 발자크 연구론을 발표했다. 고티에에 따르면 발자크는 새로운 모더니티의 가장 완벽한 대변인이었다.

발자크는 고대에 빚진 것이 없다. 그에게는 그리스인도 로마인도 존재하지 않으며, 그는 그런 이들을 보내달라고 애타게 외칠 필요 도 느끼지 않았다. 그의 재능 넘치는 글에서는 호메로스나 베르길 리우스의 자취 따위는 전혀 느껴지지 않는다. 심지어 《데 비리스 일 루스트리부스De viris illustribus》*의 흔적조차 찾아볼 수 없다. 이제껏 발

• 4세기경 가톨릭 신부 제롬이 라틴어로 쓴 유명인사 135명에 대한 간략한 전기 모음집. 글 자 그대로 옮기면 "유명한 사람들에 대하여"라는 뜻이다.

자크보다 덜 고전주의적이었던 사람은 아무도 없었다. 발자크는 폴 가바르니Paul Gavarni•와 마찬가지로 그와 같은 시대를 호흡하는 사람들을 관찰했다. 예술에서 제일 어려운 점은 바로 자기 앞에 있는 것을 그리는 것이다. 대부분의 사람들은 전혀 알아차리지 못하는 가운데 자신의 시대를 관통하곤 하는데, 명민한 정신의 소유자라고 하는 사람들 중에도 적지 않은 자들이 그랬다.

1863년에는 회화가 새로운 모더니티 속으로 편입되었다. 마네의 〈올랭피아L'Olympia〉(티치아노가 그린 〈우르비노의 비너스〉에서 영감을 받아 이를 살짝 비튼 작품)는 문자 그대로 대단한 스캔들을 야기했다. 보들레르는 이 작품을 하나의 상징으로 삼았다. 그가 작성하고 〈르 피가로Le Figaro〉 1863년 11월 26일, 28일, 12월 3일자에 각각 게재된 일련의 기사들("모던한 삶에 있어서 화가Le Peintre de la vie moderne")을 보면, 그는 이 작품의 분석을 통해 이른바 "모던한" 미술에 대한 최초의 이론을 수립한다. 보들레르는 마네의 그림이 충격적인 건 누드이기 때문이 아니라(이 누드는 앵그르의 누드보다 훨씬 덜 암시적이다) 목에 두른 검은 리본 때문이라고 보았다. 그 검은 리본은 쾌락이 언제나 죽음과 딱 붙어 있으며 따라서 올랭피아는 일시적인 쾌락에 몸을 맡기지만 죽음을 피할 수 없는 존재임을 암시한다고 그는 매우 심

• 1804-1866, 프랑스의 데생 화가, 수채화가. 본명은 쉴피스-기욤 슈발리에Sulpice-Guillaume Chevalier다.

오한 어조로 분석한다.

모더니티는 현대에 대한 예찬만을 의미하지는 않는다. 모더니티
는 주어진 순간에 있어서의 인간 조건의 보편성, 특히 인간의 나약
함, 죽음을 피할 수 없는 숙명을 이야기해야 한다. 그렇게 할 수만
있다면 모더니티는 영원해질 수 있다. 이렇게 볼 때 폼페이의 벽화
는 모던하다고 할 수 있다. 왜냐하면 그 벽화들은 당시 직물들의
색상을 볼 기회를 제공해주기 때문이다. 또 부조 작품 〈그라디바
Gradiva〉•도 여인의 매우 우아한 움직임을 포착했다는 점에서 모던
하다고 할 수 있다.

모든 모더니티가 귀중한 골동품 자격을 얻기 위해서는 인간의 삶
이 무의식적으로 첨가하는 신비한 아름다움이 그것으로부터 풍겨
나올 수 있어야 한다. (……) 고대 화가들 각각에게는 나름대로의
모더니티가 있었다. 이전 시대에 제작되어 우리에게까지 전해 내려
오는 아름다운 초상화들의 대다수는 당시에 유행하던 의상을 보
여준다.

유행은 자연의 속박으로부터 멀어지려는 인간의 노력이 빚어낸

• "걷는 여인"을 뜻하는 라틴어로 로마 시대에 제작되었으며 현재는 나폴리 고고학 박물관에
전시되어 있다. 독일 작가 빌헬름 옌센Vihelm Jensen은 이 작품에서 영감을 받아 동명의 소설
을 썼으며, 지그문트 프로이트가 그 소설을 분석하여 유명세를 얻었다. 소설은 특히 초현실
주의자들에게 지대한 영향을 끼쳤다.

산물이다. "이상향을 위한 부단한 노력"과 아름다움에 대해 인간이 갖고 있는 개념은 의상에 고스란히 담겨 있다. 보들레르는 이렇게 말했다.

모더니티란 덧없고, 일시적이며, 우발적인 것으로 예술의 절반을 형성한다. 나머지 절반은 항구적이며 불변이다.

유행은 그러므로 인간의 머릿속에서 자연적인 삶이 쌓아놓은 천박한 모든 것들 위를 맴도는 이상향을 추구하려는 취향의 한 증세다.

(따라서 모더니티는) 초월적인 가치, 문화적 모델, 도덕, 요컨대 도처에 현존하는 기준이 되는 신화가 될 수 있다.

이러한 논평은 그로부터 10년 후 새로운 모더니티를 한층 더 명증하게 표현하는 예술 사조, 그러니까 인상주의의 출현으로 이어진다. 1874년 공식적인 살롱의 언저리에서 열린 인상주의 최초의 전시회는, 새로운 회화 기법인 화면에 점찍기를 통해 매 시간마다 달라지는 빛의 파동을 화면에 옮겨놓음으로써 회화 언어를 형식과 내용 모두 송두리째 혁신하겠다는 야심을 내보였다. 모네의 〈양귀비Les Coqueliots〉와 르누아르의 〈웃자란 잡초 사이로 난 오르막길Le Chemin montant dans les hautes herbes〉이 제일 먼저 선보인 작품들이었다. 그 뒤를 이어 카페나 대로, 공연장, 노동자 등 파리의 일상을 담은 그림들이 등장했다. 드가의 〈빨래하는 여인들Les Blanchisseuses〉이나 카유보트Caillebotte의 〈마룻바닥을 대패질 하는 사람들Les Raboteurs de parquet〉이 여기에 해당된다. 에밀 졸라는 인상주의에 대해 "야외에서 빛은 단일하지 않다. 무수히 많은 효과들이 다양하게 쏟아지며 사물과 존재의 양상을 완전히 변모시킨다"고 묘사했다. 인상주의 예술가들과 더불어 프랑스는 예술에 있어서 모더니티 이론화 작업의 선두에 섰다.

1885년 영국 출신의 젊은 작가 오스카 와일드는 영국의 젊은 화가 제임스 애보트 맥닐 휘슬러James Abbott Mcneill Whistler가 인상주의와 상징주의를 주제로 진행한 강연에 대해 언급하면서, 보들레르 글을 탐독하다 알게 된 프랑스어 "모데르니테modernité"를 그대로 인용했다. 와일드의 글을 보자.

몇몇 특정 조건의 빛과 그림자가 주어지는 경우, 아주 끔찍한 사물이라도 아름답게 보일 수 있다. 이것이야말로 예술에 있어서의 진정한 모더니티라고 할 수 있다.

이는 예술이 더 이상 아름다움과 혼동될 수 없다는 사고방식을 나타내는 말이기도 하다. 그리고 모더니티가 우리를 최악의 상황으로 이끌 수도 있다는 깨달음이기도 하다.

모던한 세계는 악몽인가

―

1880년대 유럽에서 기술은 엄청난 도약을 이룩했다. 이성 지향적인 모더니티는 찬란한 미래를 보장받는 것 같아 보였다. 내연기관, 자동차, 영화, 비행기, 전기, 전화, 전축, 손목시계 등이 줄줄이 등장했다. 심지어 중산계급에게조차 모든 것이 가능해보였다. 이미 지나간 모더니티의 마지막 잔재마저 완전히 사라져버렸다. 프로테스탄티즘에서 새로운 모더니티의 원천을 본 막스 베버는 "신기술은 인간에게 환멸을 안겨주었으며, 인간으로부터 오래된 전설들이 지닌 매력을 앗아갔다"고 평했다.

유럽 각지에서 사회적 갈등은 점점 더 심해졌고, 노동자들은 새로운 권리를 요구하기 시작했다. 이성 지향적인 모더니티는 이제 경제적이거나 정치적이기만 한 것이 아니었다. 사회적이어야 할 필요성도 대두되었다.

프랑스에서는 1875년에 공화국이 들어섬으로써 좌파(특히 공화국을 지지하는 모던한 좌파)가 결정적인 승리를 거둔다. 이는 동시에 우파(왕정을 지지하는 보수적인 우파)의 패배를 의미했다. 고리타분한 우파의 자리를 채워왔던 정당들은 왕정복고의 희망이 사라져감에 따라 점점 쪼그라들었다.

반면 왼쪽에는 급진적인 집단이 등장했는데 이들은 1893년 중앙으로 떠밀렸다가 사회주의 인터내셔널 노동자들의 국회 입성과 더불어 오른쪽으로 완전히 밀려났다. 이 우파도 여전히 '모던한 세계'를 비난했다. 이들은 종교적 실천을 교란시킨다는 이유로 진보를 반기지 않았다. 윤리를 어지럽힌다는 이유로 돈도 좋아하지 않았다.

이러한 우파의 이념을 정립한 자들 가운데 한 사람인 샤를 페기 Charles Péguy는 1881년에 그가 그토록 비판하는 '모던한 세계'의 시작을 공식화했다. 그는 신앙, 공동체, 노동 등으로 특징지을 수 있는 이전 세계와 돈, 과학적 실증주의에 의해 부패된 모던한 세계 사이에는 단절이 있다고 보았다. 그는 1912년과 1913년에 발표한 에세이 《돈L'Argent》에서 이렇게 말했다.

자유롭다는 것은 모던한 것과는 정확하게 반대되는 것이며, 도저히 믿기 어려운 언어의 왜곡으로 인하여 우리는 평소에 이 두 단어를 비슷한 것으로 간주한다. (……) 모더니즘이란 힘 있는 사람의 덕목인 반면 자유는 가난한 사람의 덕목이다.

새로운 모더니티에 편입되는 여성들

—

19세기 말까지도 시장 민주주의는 여전히 서양 남성의 전유물이었다. 그러던 것이 이제 곧 여성들도 그중 일부를 획득하게 될 참이었다. 여성들은 자신들도 객체가 아닌 주체로 인정받기를 원했다. 여성들은 문학에서 음악, 조각에서 회화에 이르는 예술 분야에서 점점 더 두각을 나타냈다. 조르주 상드, 클라라 슈만, 카미유 클로델, 소니아 들로네 등이 대표적인 여성 예술가들이었다. 이들은 빅토리아 시대의 딱딱한 복식과 그들이 "우스꽝스러운 모던 패션"이라고 부르는 것에 반기를 들었다.

1875년 무렵 미국에서는 오스카 와일드 등이 주축이 되어 생겨난 미학적 의상Aesthetic Dress 운동이 단순함과 유연함, 수작업 등을 옹호하면서 모던 패션과 맞섰다. 이 운동을 이끌던 메리 하웨이스 Mary Haweis는 1879년 〈디 아트 오브 드레스The Art of Dress〉에 기고한 글에서 이렇게 주장했다.

인간의 몸이 지니는 자연스러운 선을 억압하거나 역행하는 모든 의상은 추하거나 모욕적인 것, 혹은 그 두 가지 모두인 것으로 간주해서 내동댕이쳐야 마땅하다.

오스카 와일드는 "여성복 패션의 노예"를 주제로 미국에서 강연을 하면서 허리 받침이나 굽이 높은 구두, 코르셋 등에 반대하는 입장을 취했다. 그는 이렇게 주장했다.

모던한 옷차림이 지니고 있는 치명적인 단점들 가운데 하나는 바로 너무 많은 요소들로 구성되며, 대부분은 부적절한 천으로 만들어진다는 점이다. 그런데 우리는 그리스식 복식을 우리 나라, 우리 기후, 우리가 살고 있는 이 세기에 완벽하게 적용할 수 있다. 예거

인류는 어떻게 진보하는가

Gustav Jäger[*] 박사가 현대 독일 체제에서 하듯이, 순모로 된 옷을 한 겹 입고 그 위에 걸치면 된다.

얼마간의 시간이 지난 후, 이보다 훨씬 의미심장한 사건이 발생한다. 여성들이 공개적으로 정치적 요구 사항을 들고일어난 것이다. 여성 참정권자들의 시위가 잦아지면서 그 양상도 점점 격화되었다.

1893년 세계에서 처음으로 여성에게 투표권을 부여한 나라는 왕년의 영국 식민지였던 뉴질랜드였다. 1897년 영국에서는 밀리센트 포세트Millicent Fawcett가 여성참정권연합National Union of Women's Suffrage을 창설했다. 이에 반대하는 폭동과 단식 투쟁, 투옥이 잇따랐지만 소용없었다.

그러나 1902년에 오스트레일리아, 1906년에 핀란드가 각각 여성에게 투표권을 부여한 이후, 여성들은 오래도록 기다려야 했다. 제1차 세계대전 기간 동안 전쟁터로 나간 남성들을 대신해서 공장을 돌리는 등 여성들이 지대한 역할을 하자 영국은 1918년, 미국은 1919년에 각각 여성 참정권을 인정했다. 프랑스는 1944년이 되어서야 이들 나라들의 전철을 밟는다.

• 1832-1917, 독일 출신 박물학자이자 위생학자다. 면 등의 식물성 섬유보다 울처럼 피부에 가까운 거친 천으로 만든 옷을 입는 것이 건강을 위해 좋다는 가설을 제시했다. 영국에는 그의 이름을 딴 의류 브랜드도 있다.

이성을 강요하는 서양 사회

—

모더니티에 대한 유럽의 새로운 개념은 이제 전 세계의 모든 엘리트들의 주목을 끌고 이들의 부러움을 사는 선망의 대상이 되었다. 러시아, 브라질, 중국 등지에서도 이러한 개념이 수줍게나마 고개를 들었다. 1854년 페리 선장의 배가 항구에 들어오면서 일본에도 정착하게 되었다. 사무라이들에 맞서서 권력을 장악한 메이지 천황은 산업, 군사, 행정 등 모든 분야에서 서양의 신기술을 일본 열도에 도입했다. 이 과정에서 의회 민주주의의 배아도 흘러들어왔으나, 천황은 일본 고유의 가치와 전통 일부를 보존하는데 성공한다. 그리고 1869년, 뉴욕 시를 본뜬 삿포로 시가 건설되었다. 이 과정에서 뉴욕이 사실은 비슷한 설계에 따라 794년에 건설된 교토와 닮은 꼴의 도시라는 점과 교토 역시 3,000년의 역사를 자랑하는 중국의 옛 수도인 장안을 본떠서 지은 도시라는 사실은 까마득히 잊혀졌다.

  서양식 모더니티는 이제 손에 무기를 든 채 아프리카(그보다 앞서 아메리카에 도착했을 때에도 방법은 다르지 않았다)에도 들어온다. '문명화 임무'를 기치로 내걸고 그곳에 도착한 유럽 열강은 1883년에는 바마코에 전보를, 1885년에는 루이와 테네리페 사이에 최초의 케이블을 설치함으로써 파리와 아프리카를 하나로 연결한다. 같은 해, 아프리카 최초의 바퀴 달린 수레로 기억될 르페브르 자동차가 상륙함으로써 케이와 새로운 수도 바마코가 자동차 도로를 통해 연결되었다.

하지만 식민주의자들은 교육, 엔지니어나 의사 양성에는 거의 투자를 하지 않았으며, 특히 프랑스 식민지의 경우, 적절한 시기가 도래했을 때 본토에서 파견된 지배계급을 대체할 만한 현지 지도자 계급을 양성하려고 하지 않았다. 반면 교회는 엄청나게 많은 수의 선교사들을 파견하여 그곳 주민들을 개종시키는 데 힘썼다. 신앙 지향적인 모더니티를 전파하기 위한 최후의 도약을 시도했다고 할 수 있다.

식민주의가 이전의 모더니티를 파괴하고 현대 시대 최초의 인종 말살을 자행한 것은 사실이지만, 이와 동시에 식민주의는 새로운 모더니티가 지닌 일부 긍정적인 차원을 나름대로 활용한 것도 사실이다. 카를 마르크스도 영국의 인도 약탈을 비판하는 글에서 영국인들이 인도에 들어감으로써 모든 부정적인 측면에도 불구하고 현지 부르주아 계급의 형성이 가능했다고 설명한다. 또한 인도 출신으로 마르크스주의적 역사학자로 분류되는 K. M. 파니카 Kavalam Madhava Panikkar는 훗날 그의 저서 《아시아와 15세기부터 오늘날까지 이어지는 서양의 지배Asia and Western Dominance: a survey of the Vasco Da Gama epoch of Asian history 1498-1945》(1953)에서 다음과 같이 고백했다.

유럽인들의 식민 지배는 아시아 민족들에게 저항심을 길러주는 동시에 새로운 사상에 적응하도록 강요했다. 그 새로운 사상들은 그것만으로도 아시아 민족을 해방시키고 스스로 힘을 기르도록 도울 수 있었으며, 실제로 아시아 민족에게 새로운 활력을 주었고, 새로운 세계의 도래를 준비할 수 있도록 도와주었고 (……) 현재 영어가 가장 각광받는 모더니티의 언어임을 고려할 때, 아시아 민족이 영어를 습득하게 된 건 영국 식민지 경험 덕분이었다.

19세기가 막을 내리면서 서양에서는 시장 민주주의가 부르주아들은 해방시키고, 프롤레타리아와 식민지 이주자들은 몰락시켰다. 덕분에 일부 사람들은 이성이 최악의 상황으로 인도할 수도 있음을 알게 되었다.

6

미래에 대한
모든 비전을 부정하다

포스트모더니티, 19세기 말—1960년

20세기가 시작될 무렵, 시장 민주주의는 승리를 구가하는 것 같아 보였다. 기술, 경제, 정치, 이데올로기 등 모든 관점에서 승승장구했다. 부르주아들의 앞에는 보편적인 작업장이 펼쳐졌고, 그 작업장은 적어도 1세기 정도는 거뜬히 지속될 참이었다.

'이성 지향적 모더니티를 지구의 다른 지역에도 뿌리내리게 하자, 그들 자신의 이익을 위해서, 이 모더니티가 다른 자들에게도 이익이 됨을 알게 하자. 케케묵었거나 이와는 다른 다양한 미래 비전들에 맞서서. 그들과 다른 미래 비전들을 추종하는 집단들에 대항해서!'

모든 정황이 기술적 진보는 모두를 위해 황홀할 정도로 긍정적인 변화를 내포하고 있다고 느끼게끔 돌아갔다. 비행기, 라디오, 지하철, 전기모터, 엘리베이터, 고층 빌딩, 가전제품의 발명 등 실제로 제반 상황이 그랬다. 경쟁 때문에 야금야금 도입된 생산성 지상주의는 고유한 법칙을 내세웠으며, 그로 인해서 공장에서의 노동 조건은 끊임없이 바뀌었다. 물론 그 변화는 예외 없이 비인간적인 합리성 방향으로 진행되었다.

만국박람회 즈음에는 문학도 특별한 종류의 이야기를 제안함으로써 이 같은 분위기에 동참했다. 아직 과학소설Science Fiction이라는 용어가 나오기도 전이었다. 쥘 베른이 1880년부터 이 부류 글쓰기의 선두 주자로 두각을 나타냈다. 그의 작품은 비행기, 잠수함, 텔레비전, 대중교통수단, 우주 정복 등 기술 모더니티의 각 차원을 세세하게 다룬다. 그로부터 십여 년 후에 영국 출신의 허버트 조지 웰스는 《타임머신》(1895), 《우주전쟁》(1898) 등의 작품을 선보였다. 영화도 이 대열에서 빠지지 않았다. 영화의 초창기에 해당되는 1902년에 벌써 조르주 멜리에스Georges Méliès는 《달나라 여행Le Voyage dans la lune》을 선보였다.

민주주의는 도처에서 영역을 넓혀갔다. 생활수준은 매우 빠른 속도로 향상되었다. 하지만 농촌을 떠나는 인구가 자꾸만 늘어나는 까닭에 도시 프롤레타리아의 삶만 예외적으로 점점 피폐해졌다. 풍습은 지속적으로 세속화되었다. 이성 지향적 모더니티에 새로운 또 하나의 차원이 결합했는데 바로 여가의 모더니티였다. 모던하다는 것은 자유로운 것이며 특히 자기 시간을 활용하는 면에서의 자유로움을 의미했다. 사실 이제까지 여가라는 개념은 아무런 의미가 없었다. 휴가란 휴가는 모두 종교와 관련되어 있었고, 노동 시간은 거의 무제한이었기 때문이다. 많은 사람들에게 현대화란 무엇보다도 자유 시간의 확대를 뜻했다. 노동자들이 투쟁을 벌인 결과 노동 시간에도 서서히 규정이 도입되기 시작했다. 사회가 세속화하면서 휴가를 고려하는 것도 가능해졌다. 주중 노동 시간에도 제한이 생겼고, 퇴직할 권리도 보장되었다.

같은 무렵, 세 번째 모더니티가 처음으로 태어난 유럽에서 이에 대한 가장 신랄한 비판이 등장했다. 이 비판은 사회주의자들처럼 이성 지향적 모더니티를 그저 조금만 손질하자는 수준이 아니었다(이들은 사유재산은 부정하면서도 이성과 진보에 대한 맹신은 거두지 않았다). 교회가 하듯이 신앙 지향적 모더니티로 돌아가자는 것도 아니었다. 이런 경우는 처음이었다. 이들은 미래에 대한 모든 비전을 부정했다. 시장 민주주의와 그것을 반대하는 자들의 실패가 20세기의 상당 기간에 걸쳐 야기하게 될 각종 재앙을 예고라도 하는 것이었을까. 1880년경에 "허무주의"라는 이름을 달고 등장한 이 비판은 1914년 "포스트 모더니티"라는 새 이름을 갖게 된다.

허무주의, 환멸의 모더니티
—

모든 것은 프리드리히 니체라는 독일의 젊은 문헌학 교수와 더불어 시작되었다. 니체는 1880년부터 줄곧 고독한 방황 속에서 그가 보기에 서양의 미래라고 짐작되는 것을 비판했다. 그에게 현대 시대가 지닌 실재적인 의미는 곧 그가 "허무주의"라고 이름 붙인 무無에 대한 열망이다. 그에 따르면 이 열망은 특히 서양으로 하여금

신을 이 세계의 지평선에서 제거하도록 이끌었고, 그 결과 모든 가치가 산산조각 났다. 니체는 1882년(그의 나이는 서른여덟 살이었고, 《자본론》의 저자 마르크스가 세상을 떠나기 1년 전이었다)에 발표한 《즐거운 지식》에서 "우리가, 당신과 내가 그를 죽였다! 우리는 모두 그의 살해자다!"라고 외쳤다. 니체가 보기에 서구의 새로운 모더니티, 즉 이성 지향적 모더니티는 "최후의 인간"을 만들어냈다. "최후의 인간"은 말하자면 모든 권리를 향유하고자 하나 시민으로서의 의무나 책임감은 짊어지려 하지 않으며, 물질적인 사실들은 기꺼이 믿으려고 하나 신은 믿지 않는 인간이다. 그런데 신의 시선 안에서 살기를 거부하는 자들이란 "원한을 품은 인간"으로, 이들은 삶이 주는 고통에 대해 복수하려 들며 과학에서만 희망을 찾는다. 이러한 세속적 모더니티는 세계를 환멸로 몰아간다.

아니 도대체 우리가 어떻게 이런 짓을 했단 말인가? 우리가 어떻게 바다를 몽땅 비울 수 있었단 말인가? 누가 우리에게 지평선 전체를 지워버릴 지우개를 주었단 말인가? 지구를 태양에 묶어 놓은 사슬을 풀어버리다니, 우리는 도대체 무슨 짓을 한 걸까? 《즐거운 지식》

니체는 그 후로 인류가 타락의 길로 접어들었다고 말한다. 인간에게는 이제 오직 타락의 가치들만 모던한 것으로 제시되며, 그런 것들만이 미래의 비전인 양 교육된다. 니체에게 있어서 이성의 지배는 의혹의 지배이기도 하다. 이 대목에서 우리는 진리라는 개념마저 부인하는 파괴적 상대주의에 도달한다.

우리가 주장하는 철학적 입장이 지닌 새로운 점은 지난 모든 세기에는 알려지지 않았던 확신, 곧 진리를 소유하지 않았다고 하는 확신이다.

그러므로 "현대인", 즉 모던한 사람은 자기 자신을 사랑하는 것 말고는 다른 미래 비전을 가질 수 없다. 이들은 자기우상화라는 기만에 참여하게 된다. 자기우상화의 가장 극단적인 형태는 바로 자기가 속한 국가(자신이 경계하는 국가)에 대한 변명으로 "이러한 경향은 오늘날 독일에서 독일적인 덕목의 특징으로 각광받고 있다."

니체는 서양의 모더니티가 모든 분야를 파고드는 일종의 집단본능을 가리킨다고 보았다. 대중 민주주의는 그것이 사회주의적이든 자유주의적이든 아무 도움이 되지 않는다. 왜냐하면 대중의 정신은 창의성을 파괴하기 때문이다.

그러므로 니체에게 이성의 진보에 따른 더 나은 미래를 기다린다는 건 부질없고 허망한 짓이었다. 과학이란 아무런 천재성도 없이 그저 개미처럼 일할 것을 강요하는, 인간을 비천하게 만드는 집단적인 시도, "사소한 것들 앞에 엎드리는 방식"(《이 사람을 보라》, 《선악을 넘어서》)이라는 것이었다. 그러므로 그가 보기에 과학자는 수많은 연구원들 가운데 한 사람으로서 자기 자리를 순순히 받아들이고 있을 뿐이다.

인류의 보편적인 몰락, 상스러운 사람들이나 평범한 머리를 가진 사회주의자들이 '미래의 인간(그들의 이상향!)'이라고 부르는 수준까지 내려간 인류의 타락, 이러한 쇠락과 무리를 지어 몰려다니는 떼거리 중의 한 마리 짐승으로 전락한 인류의 비천함. 이것이 바로 사람들이 말하듯 '자유로운 사회'의 인간이다.

우리는 절대적으로 '자유롭지' 못하다. 우리는 '진보'를 위해 일하지 않는다.

보다 나은 미래를 원하는 사람들은 이런 상황에 만족할 수 없다. 그러니 미래의 자손인 우리 모두가 이 같은 오늘 속에서 어떻게 내 집에 온 듯 마음이 편할 수 있단 말인가! 《즐거운 지식》

그가 보기에 모든 형태의 권력이나 정치가들은 끝장을 내야 할 것이었다. 니체는 3년 후 《차라투스트라는 이렇게 말했다》에서 다음과 같이 말했다.

나는 그들이 통치라고 부르는 것을 내 눈으로 보았을 때 통치자들에게 등을 돌렸다. 그들이 말하는 통치는 권력과 상품을 불한당들과 불법거래 하는 것이었으니까.

또한 기자들은 이 서양의 모더니티라고 하는 파괴적 진화의 주범이기 때문에 그들과도 끝장을 보아야 한다고 주장했다.

민주주의를 통해 획득한 표현의 자유가 낳은 결실, 대중의 목소리를 대변한답시고 글줄이나 끄적거리는 불한당들.

니체가 보기에는 오직 유대인들만이 이러한 진화를 피할 수 있었다. 왜냐하면 그들은 신앙 덕분에 지나치게 빨리 진행되는 변화를 피할 수 있기 때문이다.

그들도 변한다. 하지만 그들은 (⋯⋯) 마치 어제 막 태어나 가진 것이라고는 시간 밖에 없는 어린 제국이 변하듯, 최대한 서서히 변한다. 《선악을 넘어서》

유대인들은 그들 나름의 고유한 필요성에 따라 변한다. 유대인들은 모던하지 않다. 가령 그들의 신앙을 보자. "'모던한 사상' 앞에서 부끄러워할 까닭이 없는 이들의 결연한 신앙", "기독교 신에 대한 믿음"이 빠져버린 "불신의 나락"과는 무관한 이들의 신앙. 《즐거운 지식》

역설적이게도 유대인들은 모더니티의 개념조차도 부인함으로써 몰락하는 세계의 비중 있는 주역으로 활약한다.

(유대인은) 보편적 역사에서 가장 놀라운 민족, (⋯⋯) 인류 역사상

가장 숙명적인 민족이다. 《안티크리스트》

    그들은 남을 속일 정도로 그것을 재현해야 했다. 그들은 그보다 더 나을 수 없는 천재적인 연극성으로 모든 퇴폐적인 운동의 첨단에 섰다. (……) 그래야 삶에 '네'라고 말하는 자들보다 한층 강력한 무엇인가를 할 수 있으니까. 《안티크리스트》

    (유대인들은) 선한 유럽인이며 유럽의 계승자, 돈 많고 행복에 겨운 계승자들이지만 동시에 수천 년 동안 유럽 정신에 무한한 빚을 진 계승자들이기도 하다. 《즐거운 지식》

끝으로, 개인. 모더니티의 중심축을 이루는 것으로 소개되는 개인이란 사실 한낱 환상에 불과하다.

    우리가 그 유명한 '내적 감각'을 통해 관찰하는 '내적 세계'만큼 허구에 불과한 것도 없다. 《권력에의 의지》

정신분석에 대한 지나치게 앞선 사형선고일까?

부자들을 위한 폐쇄된 클럽

같은 시기에 등장한 정신분석도 이러한 모더니티의 논리 속에 편입된다. 정신분석은 이성의 도움을 받아 정념을 이성적으로 이해하려 한다. 정신분석은 시장 민주주의를 이기적인 개인들이 개인적인 행복 증진을 위해 나란히 모여선 것쯤으로 해석한다. 정신분석은 아이의 선천적인 이기주의와 그로부터 파생되는 모든 것을 확인함으로써 개인주의적이고 합리적인 모더니티를 심화시킨다. 정신분석은 설명하기 어려운 행동에 대해서 논리적인 원인을 밝혀냄으로써 무의식의 논리를 작동시킨다고 주장한다. 정신분석은 이렇듯 무의식을 이성의 한 차원으로 흡수한다.

정신분석은 새로운 모더니티가 추구하는 미학을 정의하는 계기가 되기도 했다. 영국에서는 프로이트와 아주 가까웠던(울프가家의 사람들 버지니아와 레오나드가 세운 출판사 호가트 프레스Hogarth Press는 영국에서 프로이트의 저작을 처음으로 소개했다) 여류 작가 버지니아 울프가 그녀의 자매와 친구들이 주축이 된 블룸즈버리Bloomsbury 그룹과 더불어 인간의 내면세계, 곧 그녀가 "정수 또는 생명, 진리 또는 현실"이라고 부른 것에 대해 최대한 정확한 이미지를 보여주려는 시도를 "모던한 미학"이라고 정의했다. 버지니아 울프는 '모더니즘'의 탄생을 1910년 11월로 잡았는데, 이는 바로 로저 프라이Roger Fry가 런던의 그래프톤 갤러리에서 기획한 "마네와 후기인상파들"이라는 전시회가 열린 시점이다.

1912년, 미국 출신 두 명의 시인 에즈라 파운드와 T. S. 엘리엇은 영국 문학을 공부하기 위해 런던에 발을 내딛는다. 두 사람에게 영국 문학, 특히 버지니아 울프, 제임스 조이스 등의 작품은 지극히 '모던한' 작품으로 비쳤다. 에즈라 파운드는 이미지즘imagisme•을 시작했는데, 이 운동은 그 후 영국 최초의 모더니즘 학파인 소용돌이파vorticism로 발전했다. 1919년 버지니아 울프는 소설 작법에 대한 짧은 글 《모던 픽션Modern Fiction》에서 그 시대 작가들이 사실주의적인 글쓰기를 거부한다는 사실을 다시 한 번 확인했다. 그녀는 사실주의자들이 "평범하고 일시적인 것을 진실하고 지속적인 것으로 보이도록 엄청난 재능과 노력을 투자한다"면서, 자신은 내면적인 것에 집중하고 싶다는 욕망을 드러냈다.

인생은 우리의 의식적인 상태를 처음부터 끝까지 감싸고 있는 반투명한 봉투다. 인생이라고 하는 이 변화무쌍하고 유연한 요소, 잘 알려지지 않았으면서 정확한 경계도 없고, 그대로 모습을 드러내기에는 너무도 엉뚱하고 복잡한 그 요소를 타인적인 것과 외부적인 것은 최대한 배제해가며 감각적으로 만들어주는 것이 우리들 소설가의 임무가 아니겠는가? 《모던 픽션》

• 사상파寫象派 운동이라고도 한다. 구체적이지 못하고 애매하기만 한 관념을 피해서 하나의 형상을 명확하게 표현하자는 시문학 운동으로 20세기 초 영국, 아일랜드, 미국 등에서 활발하게 전개되었다.

같은 무렵, 독일인들도 역시 "전통적이지 않은 20세기 문학"을 지칭하기 위해 Modern 또는 Die Moderne라는 용어를 사용하기 시작했다. 세계적으로 유명한 철학자 게오르그 루카치는 이를 전위문학Avantgardeismus이라고 부르기도 했다.

과학은 양자물리학과 상대성이론의 출현과 더불어 직관으로는 완전히 접근할 수 없는 것이 되고 말았다. 현실은 더 이상 논리적이지 않았다. 현실은 사람들이 관찰하는 방식에 따라 달라지며, 하나의 개념으로서만 파악 가능할 뿐이었다. 현실은 정신분석과 마찬가지로 겉으로 보기에는 비합리적으로 보이는 사건들에 대한 합리적인 해석이었다.

회화에서는 10년 전에 등장한 입체파(재즈 음악처럼 아프리카에서 영감을 얻은 미술 사조)에 이어 추상의 발명으로 그때까지는 보이지 않던 현실의 존재를 드러내 보일 수 있게 되었다. 추상화의 4대 선구자 격인 바실리 칸딘스키, 프란티세크 쿠프카, 피트 몬드리안, 카시미르 말레비치는 저마다 비슷한 시기에, 그러니까 1910년부터 1917년 사이에 특별한 진술들을 내놓았다. 예를 들어 칸딘스키는 1910년 그의 저서 《예술에서의 정신적인 것에 대하여》에서 한 쪽에 거꾸로 놓여 있는 그의 작품을 보면서 재현의 무용성에 대한 인식에 도달했다고 말했다. 몬드리안은 역광선을 받고 있는 굴 양식장을 재현한 자신의 그림들로부터 출발해서 서서히 추상적인 기하학적 구조를 얻어냈다. 한편 말레비치는 〈흰 바탕에 놓인 검은 사각형〉이라는 작품을 얻기까지 꾸준히 단순화 작업에 몰두했다.

건축에서도 비슷한 현상이 있었는데, 바우하우스의 기하학적 구조나 루트비히 미스 반 데어 로에Ludwig Mies van der Rohe의 최소한의 미학을 보여주는 건축물들이 여기에 해당된다.

이렇게 해서 모더니티는 조화와 아름다움의 추구라고 하는 틀로부터 벗어나 새로운 지평으로 확장되었다. 음악도 조성과 조화의 법칙에 이의를 제기하기 시작했다. 이고르 스트라빈스키와 그 뒤를 이어 아놀드 쇤베르크 등이 낯선 음악으로 소란을 피웠다. 음악계에서도 회화 분야와 마찬가지로 험난한 시절이 예고되었다.

니체가 예언했듯이 19세기 말 계몽주의 사상의 주축이 된 '진보에 대한 믿음'과 실증주의자들이 꿈꾼 사회상에 균열이 생기기 시작했다. 시장 민주주의는 더 이상 공정하지 않았고 자유 시간은 부르주아들과 자산가들의 전유물이었다. 많은 사람들은 여전히 가난했고 불행했으며 착취당하고 뿌리를 잃고 방황하면서 물건처럼 이용당할 뿐이었다. 시장 민주주의는 여전히 부자들만을 위한 폐쇄된 클럽과 같았고, 그들은 이를 시시하게 취급했다. 미국 출신의 사회학자 소스타인 베블런은 1899년부터 미국 중산층 전체의 "과시적 소비"를 비판했다. 그는 기본적인 필요와 무관한 "과시적 소비"를 자본에 의한 교활하고 경박한 조종의 한 형태라고 묘사했다.

이러한 것들은 서양 모더니티의 이상향에 대한 보편적인 환멸을 불러왔다. 그로부터 출발한 수많은 형태가 사회주의라는 이름으로 민주적 혹은 혁명적 정당들에서 논의되었다. 그 모든 형태들은 시장 민주주의처럼 이성과 노동, 제조업, 기술 진보, 생산성 등에 대한 믿음을 반영한다.

1907년의 경제 위기로 지배적인 모델에 대한 의문 제기는 한층 가속화되었다. 사회주의자들은 경제 위기에서 자본주의의 종말을 보았다. 나치주의자들과 파시스트들은 전 세계적인 미래 비전이었던 시장 민주주의의 종말을 외쳤다.

하지만 세계대전과 더불어 이성 만능의 이데올로기는 인간과 인간의 자유를 망각한 채 보란 듯이 제 갈 길을 갔다.

전쟁과 전체주의

—

당시 지도자들의 낙관주의와 놀라운 기술 진보에도 불구하고, 니체의 직관과 몇몇 작가들의 글, 일부 화가들이나 음악가들의 작품 속 암시들은 사실로 확인되었다. 1907년의 경제 위기를 맞은 시장 민주주의는 제1차 세계대전이라는 나락 속에 떨어졌다가 이성이 허락하는 온갖 수단을 사용하면서 간신히 위기에서 빠져나온다.

제1차 세계대전이라는 이 갈등은 이를 최전방에서 겪은 독일 출신 작가 에른스트 융거Ernst Jünger에게는 "물질의 전투", "죽음의 민주주의", 이성과 국가, 기술의 완성된 형태, 제3의 모더니티의 절대적인 실현, 요컨대 생산성의 독재와 같은 말이었다. 역사는 필연코 합리적 모더니티의 최종적인 형태인 이러한 전쟁에 이르게 되어 있었다고 그는 회고했다.

짜릿한 관능감마저 혼합된 공포에 떨며, 노동에 참여하지 않은 원자라고는 단 한 개도 없으며, 우리 자신들도 이 광적인 흐름에 깊숙이 관여하고 있음을 느끼기 위해서라면, 우리의 것인 이 삶, 미친 듯이 휘몰아치며 가차 없는 규율을 강요하는 삶과 검게 타오르는 연기로 가득 찬 산업 지대, 수많은 엔진들과 비행기들, 인구 수백만 명의 대도시들, 그 사이를 누비고 다니는 교통의 물리학과 형이상학 등을 잠시만 생각해보면 충분하다. 이처럼 총체적인 동원은 의식적인 의지의 산물이라기보다는 평화 시에도 전시와 마찬가지로 저절로 이루어지는 것이라고 보아야 한다. 이 총체적인 동원은 신비스럽고 불가피한 요구의 표현이며, 대중 시대와 기계 시대를 사는 우리의 삶은 우리를 그 요구에 복종하도록 종용한다.

그토록 많은 학살이 연이어 자행되고, 진보는 최악의 상황으로 우리를 이끌고 있으며, 자유는 우리를 그 어떤 것으로부터도 보호해주지 못하는데, 어떻게 한가롭게 아름다움을 생각할 수 있단 말인가? 이성 지향적인 모더니티는 이제 전체주의라는 새로운 형태를 취하게 된다. 하지만 여전히 과학과 물질적 진보를 옹호하는 건 변함이 없었다. 패전국에서는 예외 없이 민주주의가 붕괴되었고, 그러한 사정은 심지어 일부 승전국도 다르지 않았다. 러시아에서는 사회주의가, 이탈리아에서는 파시즘이 뿌리를 내렸다. 국가사회주의는 독일에서 기회를 노렸다.

웃음거리 예술

—

토머스 모어의 《유토피아》 이후 출현한 모든 유토피아들을 계승한 이 같은 사회 비전은 국가 또는 사회 계급의 이름으로 합리적이고 평등하며 진보 지향적인 세계를 건설하고자 했다. 그런데 모든 경우에서 생산성의 지배가 이성의 이름으로 민주주의를 몰아냈다.

소비에트식 구상은 몇몇 예술 프로젝트에서는 그런 대로 성공을 거두었다. 마야코프스키Vladimir Maïakovski˙ 프로젝트나 구성주의 프로젝트들의 경우가 성공 사례에 해당되는데, 이들은 예술을 길거리로 가지고 나와 기능적인 토대 위에서 사회를 개혁하고자 했다. 가령 대성당 대신 발전소를 짓고, 귀족들 대신 관료들을 고용하는 식이었다. 1920년대에 활동한 전위예술가인 구성주의자들은 더 이상 현실을 재현하는 것이 아니라 현실 자체를 구축하려 했다. 구성주의 예술가들은 영웅적이고 민주적인 사회, 소수의 계몽된 정신을 가진 기술자들과 엔지니어들이 이끄는 사회를 꿈꾸었다.

파시즘에서 나치즘에 이르기까지 당시에 등장한 다른 형태의 전체주의는 적어도 천 년 앞을 내다보는 미래 비전을 제시하고자 했다. 이들은 너 나 할 것 없이 모두 현대미술, 즉 '유대인들이 행하는

• 1893-1930, 러시아의 미래파 시인이자 극작가다. 현재의 그루지야 한촌에서 태어나 부친의 사망 후 모스크바로 가서 줄곧 볼셰비키 혁명의 선두에 섰다. 과거 문학, 부르주아 문학을 격렬하게 비판했으며 거친 서정성과 역동성이 넘치는 혁명 찬양 작품들을 남겼다. 그러나 결국 혁명에 염증을 느끼고 권총 자살했다.

퇴폐적인 예술'을 추방하게 된다.

'새로운 형태의 시장 민주주의'나 '사회 민주주의(가족 정책과 대규모 토목 사업 등을 실행하는 선한 국가)' 같은 이성 지향적인 모더니티에 붙는 다양한 수식어들은 무솔리니가 가장 먼저 사용했고, 이어서 스탈린과 히틀러에게로 전파되었는데, 그 속을 들여다보면 전체주의적인 형태에는 전혀 변함이 없었다. 이러한 계획들은 결국 실패로 끝난다. 왜냐하면 마르크스가 공산주의적 모더니티를 언론의 자유와 사법권의 독립성이 보장되는 가운데 풍요와 무상의 경제를 통해 세계화된 자본주의를 넘어서는 것으로 생각한 반면, 이들은 오직 한 나라라는 좁은 울타리 안에서 상업적 품귀를 독재의 형태로, 권위적인 방식으로 분배했기 때문이다.

여기서 역사가 주는 교훈, 즉 미래 비전은 처음에는 흔히 전체주의적인 형태로 발현되었다가 시간이 지나면서 점차 민주주의의 틀 속으로 편입된다는 가르침을 잊지 말아야 한다.

같은 시기, 허무주의는 이제는 악몽이 되다시피 추락한 이성을 부정하는 작업을 계속한다. 마르셀 뒤샹은 1917년 버려진 소변기를 구입해 이를 "샘"이라고 명명함으로써 예술품의 개념을 혁명적으로 바꾸어놓는다. 그는 이 작품에 "R. 무트"라고 서명한 후 뉴욕에서 전시회를 갖고자 무진 애를 썼으나 성공하지 못했다. 그러나 이 작품은 미학의 임의성과 주관성을 확인시켜주었으며, 마르셀 뒤샹은 그 후 모던 미술을 표방하는 적지 않은 흐름(미니멀아트, 개념 예술, 바디 아트, 팝아트, 신다다이즘, 옵아트 등)에 영감을 불어넣었다.

사실주의 예술이 독재자들의 부속물이 되는 시대에 그는 예술품이라는 개념 자체를 부정했다. 그는 아름다움의 추구라고 하는 굴레로부터 예술가들을 해방시켜야 한다고 생각했으며, 그들이 일상의 사물들을 작품에 편입시킬 수 있어야 한다고 주장했다. 그 덕분에 그로부터 거의 1세기가 지난 후(2004년 12월), 뒤샹의 〈샘〉은 500여 명의 영국 예술계 인사들에 의해 20세기에 가장 큰 영향력을 발휘한 예술 작품으로 뽑혔다.

뒤샹에 이어 피카소, 레제, 르코르뷔지에(전체주의자들은 이들을 "퇴폐적"이라고 비판했다) 등이 펜이나 서류철, 타자기 같은 일상의 물건들을 무대 전면에 제시하는 '일상 속의 영웅주의'를 통해 모더니티를 흔들었다.

포스트모더니즘과 과학소설

—

화가 존 왓킨스 챕맨John Watkins Chapman은 후기인상주의 운동을 묘사하기 위해 1870년대에 "포스트모던 스타일의 회화a postmodern style of painting"라는 말을 언급했다. "포스트모던"이라는 단어는 1914년에 다시 모습을 드러냈는데, 이번에는 서양 모더니티를 바라보는 환멸 어린 시선을 지칭하기 위해서였다. 미국 출신 문필가 J. M. 톰슨J. M. Thompson은 〈힐버트 저널The Hilbert Journal〉이라는 철학 저널에 실린 논문에서 이렇게 선언했다.

포스트모더니즘의 존재 이유는 종교와 신학, 가톨릭적인 감성과 전통으로 비판을 확장함으로써 모더니즘이 지닌 이중적인 맹목성에 부딪쳐보는 것이다.

이 단어는 곧 유행어처럼 퍼져나가면서 "허무주의"라는 단어를 대체했다. 1917년, 독일 출신 철학자 루돌프 판비츠Rudolf Pannwitz는 저서 《유럽 문화의 위기La Crise de la culture européenne》에서 이성 지향적 모더니티의 종말을 선언한 니체의 분석과 그것이 허무주의로 전락한 사실을 가리키기 위해 이 용어를 사용했다. 포스트모더니티는 새로운 모더니티에 대한 대안은 제시하지 않으면서 이성 지향적 모더니티가 이상향으로 삼은 것들에 대해서는 전반적으로 환멸을 느끼는 현상을 일컫는다.

"포스트모던"이라는 용어는 이성이라는 테두리 안에서 일상 속으로 편입되었다. 이 용어는 일부 사람들에게는 시장 민주주의를 쓸어버린 체제, 다시 말해서 공산주의와 국가사회주의의 다양한 형태를 지칭하기도 한다. 그런가 하면 상업적 모더니티의 종말이라는 의미로 이 단어를 사용하는 사람들도 더러 있다. 미국 출신 작가 월터 트루엣 앤더슨Walter Truett Anderson에 따르면 포스트모던 인간은 세계를 합리적이고 이성적으로 건설된 사회로 보는 사람들과는 대조적으로, '아이러니'로 보는 사람을 가리킨다.

이쯤 되자 토머스 모어의 《유토피아》 혹은 캄파넬라, 프랜시스 베이컨, 쥘 베른의 작품 등이 이미 선보였던 것처럼, 전반적으로 실증적이며 합리적인 가운데 미래를 이야기하는 문학이 본격적으로 나타나기 시작한다. "과학소설•"이라는 용어가 처음 등장한 건 1927년 미국에서 발행된 잡지 〈어메이징 스토리스Amazing Stories〉의 독자 편지란에서였다. "쥘 베른은 말하자면 과학소설계의 셰익스피어임을 기억하라."

1927년 프리츠 랑은 최초의 SF 영화이자 그의 대표작으로 꼽히는 〈메트로폴리스〉를 내놓았다. 1929년 휴고 건스백은 그가 편집장을 맡았던 잡지 〈사이언스 원더 스토리스Science Wonder Stories〉에서 "과학적인 로맨스scientific romance"라는 말 대신 "과학소설science fiction"이라고 씀으로써 결정적으로 이 용어를 공식화했다.

과학 덕분에 인간이 우주를 여행하거나 무한히 많은 자원을 차지하게 된다는 식의 수많은 과학소설이 쏟아져나왔다. 그중에서 가장 유명한 작품으로는 단연 올더스 헉슬리의 《멋진 신세계》(1932)를 꼽을 수 있을 것이다.

포스트모더니티와 과학소설은 서로를 잘 알지 못하면서도 과학의 힘과 도덕의 부재에 의해 지배당하는, 별 볼 일 없거나 근사한 미래를 묘사하며 교감했다.

• 국내에는 흔히 '공상과학소설'이라고 잘못 알려져 있다. 과거 미국의 판타지 소설과 과학소설을 다루는 잡지 <판타지와 사이언스 픽션The Magazine of Fantasy and Science Fiction>이 일본을 통해 국내에 중역 출간되었는데, 당시 '판타지'와 '사이언스 픽션'을 아울러 '공상과학'이라고 지칭한 일본의 표현을 그대로 들여왔다. 과학소설을 명확히 정의하기는 어렵지만 대개 판타지 소설과는 달리, 과학적 방법론과 지식, 자연에 대한 이해를 바탕으로 가능한 미래를 그려낸 작품을 가리킨다.

1939년 영국 출신의 역사학자 아놀드 토인비도 그가 "16세기에 시작된 모던 시대의 종말"이라고 표현한 것을 지칭하기 위해 다음과 같이 "포스트모더니티"라는 개념을 들고 나왔다.

우리가 살고 있는 포스트모던 시대는 1914년에 발발하여 1918년에 막을 내린 세계대전에서 시작되었다.

1942년 미국 출신의 인류학자이자 작가인 H. R. 헤이스H. R. Hays는 새로운 형태의 문학을 통칭하기 위해 그 단어를 사용했다. 1945년 예술사가인 버나드 스미스Bernard Smith는 오늘날 우리가 사회주의적 사실주의라고 명명하는 것을 "포스트모더니티"라고 지칭했다.

마지막으로, 역사의 종말이라는 개념을 "포스트모더니티"라는 용어를 써서 설명하는 사람들도 더러 있다. 헤겔이 처음 정립하고 그 후 마르크스가 이어받은 이 개념은 프랑스에서는 알렉상드르 코제브Alexandre Kojève가 발전시켰다. 그는 역사가 계급의 와해, 모두가 사유재산을 가질 수 있고 부를 축적할 수 있는 가능성과 더불어 미국에서 이미 끝났다고 설명했다. "미국적인 삶의 양식American way of life"이란 그 자체로 이미 역사 이후post-history 상태의 인간을 의미한다고 그는 《헤겔 읽기 입문Introduction à la lecture de Hegel》에서 주장했다.

과학소설 역시 아이작 아시모프, 레이 브래드버리, 르네 바르자

벨의 작품들과 더불어 역사적 인간, 즉 가장 강력한 의미에서의 행위(예를 들어 전쟁이나 혁명)로 대변되는 인간의 종말을 알렸다. 인간은 이제 예술이나 사랑, 여가, 그 외 모든 종류의 끔찍한 것들에 몰입할 수 있게 되었다.

홀로코스트 이후의 미래

—

제2차 세계대전, 그중에서도 특히 홀로코스트의 비극(산업적 합리성이 낳은 독재의 절정을 보여주는 사건)은 많은 사람들에게 서양식 모더니티는 돌이킬 수 없이 변태적이며, 이성이 최악의 상황으로 이끌 수도 있다는 사실을 여지없이 보여주었다.

미래에 관한 담론은 그러므로 절대 낙관적일 수 없었다. 인류가 자살을 향해 치달을 수 있음이 명백해졌기 때문이었다. 홀로코스트를 비롯해 미국과 소련이라는 두 초강대국 사이의 갈등 속에서 벌어진 다른 모든 대량 학살 이후에는 더더구나 이론의 여지가 없었다. 포스트모더니티는 더 이상 서양 모더니티를 바라보는 신랄한 시선이 아니었다. 그것은 현실이 될 수도 있는 인류의 종말을 예고했다.

마르틴 하이데거에게 '기술의 신격화'란 앞으로 다가올 미래에 대해 다른 의미를 부여해야 할 필요성을 뜻하는 것이었는데 그 이유인즉, 이성이 도덕적으로 끔찍한 것들을 생산해내기 때문이었다.

그는 또한 인간은 경제와 기술에 끌려가서는 안 되며, 그로부터 빠져나와야 한다고 말했다.

인간은 강력한 연장이 받침점이 되어주기 전에는 대지 위로 올라서려 하지 않을 것이다. 인간이 물질로부터 벗어나기 위해서는 물질에 압력을 가해야 한다. 《질문 IV》

기술은 자연을 길들인다. 다시 말해서 자연을 이성의 체제, 즉 모든 사물들에게 이성을 산출하고 이성을 수확할 것을 요구하는 체제에 따르도록 요구한다.

같은 맥락에서 에드문트 후설도 이렇게 말하며 한탄을 금치 못했다.

우리 시대는 기술이 너무도 발전하다 보니 철학적 전통의 맥이 끊어져버렸다. 이제 철학은 인간의 학문이 되어버렸다. 지금까지 철학은 인간에 대해 여러 가지를 말해왔는데, 이제부터는 과학이 철학을 대신할 수 있다. 이론은 기계 설비가 울려대는 승리의 개가에 흡수되고 묻혀버렸다.

히틀러의 광기에 대해 성찰해온 프랑크푸르트학파 철학자들에게 서양 모더니티는 얼마든지 우리를 최악의 상황으로 몰고 갈 수 있는 것이었다.

마찬가지로 영국 출신의 위대한 철학자 버트런드 러셀에게 역사란 더 이상 의미가 없으며 삶은 그야말로 부조리하기 짝이 없는 것이었다. 그는 《게으름에 대한 찬양》에서 이렇게 예고했다.

어떤 불도, 어떤 영웅주의도, 어떤 사상이나 감정도, 그것이 아무리 강렬하다고 해도, 무덤 너머로까지 생명을 유지시켜주지 못한다……. 나이를 먹어가면서 쏟은 모든 노고, 모든 열정, 모든 영감, 인간의 천재성을 보여주는 모든 찬란한 표현도 우리 태양계가 꺼지면 사라지게 마련이며, 인간이 이루어놓은 모든 업적은 폐허가 되어버린 우주의 잔재 속에 파묻힐 것이다. 물론 여기에는 논쟁의 여지가 있을 수 있겠지만, 그래도 너무도 확실에 가깝기 때문에 그 어떤 철학도 이러한 기초 지식을 외면한다면 지속될 수 없다.

1943년, 길이는 짧지만 천재성이 번득이는 소논문 "지적 쓰레기들의 간략한 계보"에서 러셀은 세 가지 모더니티에 대해 신랄한 비판을 가한 후 이렇게 결론짓는다.

현자란, 예나 지금이나, 지적 어리석음이 부족해서 쩔쩔매는 일은 없을 것이다.

이성의 회귀

—

1945년을 기해 시장 민주주의는 부분적으로나마 반격을 가한다. 제2차 세계대전에 따른 산업적 요구가 처음에는 파괴를 목적으로, 그 후에는 재건 명분으로 전대미문의 소비 활성화를 일으켰기 때문이다. 덕분에 자동차, 가전제품, 승강기, 라디오, 텔레비전 등이 모더니티를 정의하게 되었다. 여성들은 소비하고 일하며 투표에 참여할 여력을 갖추게 되었다. 생산성의 전횡은 다시 한 번 연속 작업의 현저한 증가를 가져왔으며, 앞서서 블루칼라 노동자들이 먼저 겪었듯이, 화이트칼라 사무원들의 근무 조건 획일화를 불러왔다.

과학소설은 미래에 대한 거대한 토론의 장이 되었다. 1948년에 조지 오웰은 《1984년》을 발표했고, 아이작 아시모프는 지구가 멸망하고 1만 5,000년이라는 세월이 흐른 후의 세상을 무대로 하는 작품 《파운데이션》을 내놓았다. 화성에 처음 도착한 인간을 묘사하는 로버트 A. 하인라인의 《낯선 땅 이방인》(1961)과 1990년을 무대로 하며 디스토피아 문학의 고전으로 인정받는 버나드 울프 Bernard Wolfe의 《림보Limbo》(1952)도 주목할 만하다. 다른 많은 걸작들과 더불어 이 책들은 이성 지향적인 미래가 회귀할 것이라는 불안스러운 믿음을 보여준다.

이성 지향적인 모더니티는 항상 시간을 해방시켜주는 것을 목표로 삼으며, 이렇게 해방된 시간을 소비에 사용하도록 부추긴다. 1951년 미국 출신 정신분석가 마사 발렌슈타인Martha Wallenstein은 그녀의 논문 "웃음 윤리의 출현The Emergence of Fun Morality"에서 여가를 즐기는 것은 이제까지만 해도 금기 또는 부정적으로 인식되었으나, 차츰 거의 도덕적 의무가 되어가고 있으며, 노동과 오락 사이의 경계가 점점 옅어지고 있다고 분석했다.

유일한 미래 구상으로서의 건축
—

그리스식 모더니티에 견주어 볼 때 거의 유일한 새로움으로 도시계획을 꼽을 수 있었던 로마제국과 마찬가지로, 포스트모더니즘이 실재적인 모더니즘, 다시 말해서 미래를 바라보는 구상이 되었다고 평가되는 유일한 분야로는 건축을 꼽을 수 있다. 엘리트들의 미학적 요구는 사실 대중들의 요구와 연결되어 있다. 왜냐하면 엘리트들은 대중들을 엄청난 속도로 성장하는 도시에 거주하도록 계획해야 하고, 그곳에 살면서 노동력을 제공하도록 독려해야 하기 때문이다. 건축과 생산성은 이번에도 이렇듯 한데 뒤섞여 있다. 그런데 사람들은 이상하게도 이것을 "포스트모던"이라고 명명했다.

이 용어가 건축이라는 맥락에 처음 등장한 건 1949년에 발표된 조지프 허드넛Joseph Hudnut의 "더 포스트모던 하우스The Post-Modern House"라는 논문에서였다. 이 논문은 그로부터 얼마 후 그의 저서 《건축과 인간 정신Architecture and the Spirit of Man》에 재수록되었다. 허드넛은 자기가 몸담고 사는 시대의 건축(그때까지도 여전

히 바우하우스식 기하학과 루트비히 미스 반 데어 로에의 미니멀 미학으로 대표

되었다)에 대한 비판뿐 아니라 건축물 외벽의 장식, 역사적인 모티

프를 활용한 장식, 각지지 않은 모서리 등의 회귀를 반기기 위해

이 단어를 사용했다. 그리고 무엇보다도 1989년 필립 존슨Phillip C.

Johnson이 뉴욕에 세운 AT&T 건물로 대표되는 새로운 건축 스타일

을 지칭하기 위해서 "포스트모던"이라는 용어를 가져왔다. 그 후

이 용어의 사용은 신속하게 확산되었다. 예를 들어 1980년에 개최

된 첫 번째 베네치아 건축 비엔날레의 주제만 해도 "과거의 흔적:

포스트모더니즘"이었을 정도였다. 그 자취는 오늘날에도 프랭크

게리Frank Gehry가 설계한 빌바오 구겐하임 미술관, 애쉬톤 래갓 맥

두걸Ashton Raggatt McDougall이 멜버른에 지은 스토리 홀, 아라타 이

소자키가 일본에 세운 추쿠바 센터 등의 화려한 모습에서도 찾아

볼 수 있다.

그러는 동안 이성 지향적인 모더니티와 포스트모더니티는 그들

이 빚어낸 최후의 아바타, 즉 컨템퍼러리 속에 용해되었다.

7

나열된 순간의
연속으로
사라지는 역사

컨템퍼러리, 1960년—현재

1960년대 말부터, 특히 1989년 이후 그토록 비판받고 무찔러야 할 적으로 매도되어온 이성 지향적인 모더니티는 예전처럼, 아니 그보다 더 광대한 영역을 점령해나가기 시작했다. 도처에서 보다 많은 자유, 심지어 방종으로 여겨질 정도의 자유를 요구했다. 사람들은 다시금 역사의 종말을 이야기했다. 그것은 가능한 유일한 모델로 간주되던 보편적인 미래 비전으로서의 시장 민주주의의 점진적인 일반화가 초래한 역사의 종말이었다.

이러한 상황은 서양뿐만 아니라 다른 곳에서도 미래에 대한 아무런 구상도 욕망도 없이 그저 매 순간을 자유롭게 향유하는 것 정도로만 받아들여졌다. 모든 속박과 계약, 타인 혹은 미래 세대에 대한 배려로부터 자유로워지는 것. 그러한 속박이나 계약, 배려의 주체 혹은 대상에는 친구들, 배우자, 자식들도 물론 포함된다.

이성 지향적인 모더니티의 또 다른 국면이라고 할 수 있는 이러한 형태는 1960년대 서양에 새로운 세대들이 등장함으로써 구체화된다. 이는 처음에는 풍습의 해방을 통해 발현되었다. 여기에는 예기치 않게도 라디오와 휴대용 턴테이블이 기폭제 역할을 했다. 젊은이들은 무리지어 춤을 추며 부모로부터 도피했다.

새로운 음악들이 대거 등장했다. 1953년 로큰롤의 출현 이후 비틀즈와 롤링 스톤스가 1962년부터 서양을 춤의 소용돌이로 몰아갔다. 베트남전쟁은 미국과 유럽에서 기성세대에 항거해야 할 새로운 이유가 되었다. 젊은이들은 '모든 것을 당장' 원했다. 1968년 미국과 유럽을 휩쓴 학생운동은 현재를 향유하려는 요구, 모든 제약을 부정하려는 요구를 집약적으로 보여준다. 이들은 그러면서도 자본주의 모델 자체는 문제 삼지 않았다. 이들 젊은이들은 단 시일 내에 자신들의 규칙과 비전, 즉 자신들이 우선순위에 두고 있는 것과 자신들의 가치관을 기성세대에게 제시했다. 복장이며 헤어스타일, 태도 등이 자유로워졌다. 50만 명이 넘는 젊은이들이 몰려들어 대성황을 이룬 1969년 8월의 우드스톡 페스티벌은 그 정점이었다.

이 새로운 시장 민주주의의 아바타는 너무도 강력하고 지배적이고 독보적이었으므로 급기야 "컨템퍼러리"라는 이름으로 "모던"을 대체하기에 이르렀다.

미래는 없다
—

오직 현재만이 중요할 경우, 너무도 많은 요인에 좌우되는 미래에 대해서는 예측이 불가능해진다. 이런 조건에서라면 아무도 불확실한 미래가 어떻게 전개될지에 대해서 신경을 쓸 수가 없다. 모두들 그저 순간을 즐기는 데에만 관심을 가질 뿐이다.

아무도 충실함이라는 덕목을 따르려고 하지 않으며, 하나의 견해나 개념, 구상, 관계를 지속적으로 유지하려 하지 않는다. 사랑에서도 일에서도 타인과의 관계에서도 오직 순간만이 중요하다. 정치적 결정, 구매 행위, 생산 행위 등은 오로지 즉각적인 것에만 토대를 둔다. 사람들은 모든 것을 당장 원한다. 순간의 충동으로 혹은 변덕에 의해 구매하며 그것이 지금 당장 맞춤식으로 배달되기를 원한다.

소비자들은 '끊임없이 새로운 것을 원하라', '아직 멀쩡히 작동할지라도 오래된 물건들은 버려라', '얼마든지 더 입을 수 있는 옷들도 던져버리라'는 부추김을 받는다. 제조업과 서비스업 분야에서는 이러한 요구들을 충족시키기 위한 생산성 증대의 필요성이 뜨거운 감자가 되었다. 생산성 증대야말로 미래 비전을 대신할 마지막 남은 대안이 아닐까.

"컨템퍼러리"는 매 순간 새로운 것을 위한 새로운 것을 요구한다. 그 외에는 다른 아무런 의미도 없다. 지식이나 부의 축적을 가속화한다는 식의 의미조차 없다. 행복을 증진한다는 의미도 없다. 그저 변화를 위한 변화를 옹호할 뿐이다. 마치 순간들을 나란히 늘어놓으면 영원이 되리라는 환상을 심어주기라도 하려는 듯.

어른이 다시 아이가 된 시대

—

남자든 여자든 구별하지 않고 모든 성인들의 물질적 욕망 충족을 지향하던 모더니티(컨템퍼러리 모더니티)는 1960년대에 이르자 채워주어야 할 또 다른 욕구를 만들어내야 했다. 이제 모더니티는 남아 있는 최후의 시장, 즉 아동 시장을 쟁취하려 했다. 컨템퍼러리는 저변에 깔려 있는 가치 면에서 보자면 유년기의 가치와 맥이 닿아 있다. 유년기로 말하자면 아직 인생 계획을 세워야 할 필요를 인식하지 못하는 시기가 아닌가.

컨템퍼러리 모더니티는 서서히 유아들의 놀이 쪽으로 방향을 잡아갔다. 텔레비전과 비디오게임 그리고 소셜 네트워크를 통해 이를 충족시키겠다는 계산이었다. 덕분에 오늘날 어린이들의 상당수는 대부분의 시간을 TV나 비디오게임기 또는 인터넷 앞에서 보내게 되었다. 그 과정에서 아이들은 집중력을 잃었고, 새로운 것을 배우고 익히는 학습에 점점 더 큰 어려움을 느끼게 되었다. 동화 속 세상처럼 거짓으로 낙관적 가치관을 표방하는 사회에서 자기도취적 자폐증 환자가 될 확률도 높아졌다. 그런가 하면 이와 완전히 반대되는 쪽에는 호러 영화와 죽음이 난무하는 폭력적인 비디오게임들이 대거 포진하여 지속적인 환상 속에서 아이들을 파국으로 몰아가고 있다.

컨템퍼러리 모더니티는 아이들을 일찌감치 어른으로 변모시킨다. 그보다 더 심각한 건 어른들을 아이로 변모시킨다는 점이다.

컨템퍼러리 모더니티는 이들의 변덕을 군소리 없이 수용하면서 아무런 규칙 따위도 강요하지 않으며, 이들의 욕구라면 무엇이 되었든 모조리 부추긴다. 컨템퍼러리 모더니티는 의무라고는 없고 권리만 존재하는 세계를 창조한다. 어른들은 아이들처럼 '모 아니면 도' 식의 이원론적인 세계관을 갖게 된다. 그들의 실수를 바로잡아주고 그들이 행한 어리석은 짓을 용서해줄 구세주가 나타나기를 기대한다. 이를 위해 컨템퍼러리 모더니티는 공동체 생활에 필요한 제약 따위는 존중하지 않는다. 이렇게 볼 때 민간과 공공 부문의 부채, 그로 인해서 일어난 경제 위기는 1968년 학생운동의 정신이 낳은 결과라고 할 수 있는 유아적 모더니티가 겉으로 구체화되어 나타난 결과물이다. 이는 사회의 토대를 이루는 건국신화가 대체적으로 동화, 만화, 만화영화, SF 잡지들과 연계되어 있는 미국 사회에서 한층 첨예하게 나타난다.

영화와 미래학

—

영화와 미래학. 이 두 가지는 미래 조망적인 이야기를 통해 앞날을 예측해볼 수 있게 한다. 이는 주로 수학 모델 또는 직관에 의거해 이루어진다. 경우에 따라서는 엄청난 성공을 거두기도 하는데, 아이작 아시모프가 1964년에 50년 후인 2014년을 예측한 기고글(이 글에서 아시모프는 "자동 식사", 운전자 없는 자동차, 3D TV, 위성을 이용한 전 지구적 동시 통화 등을 예견했다)이나 허만 칸Herman Kahn이 서기 2000년까지 선보이게 될 신기술 100가지에 관해 1967년에 쓴 저서, 또는 "성장 제로?"라는 제목이 시사하듯 처음으로 성장이라는 덕목에 의문을 던진 1972년도 로마 클럽 보고서 등이 그 예다.

영화계에서는 이처럼 기계 의존적인 모더니티 비전의 바통을 이어 받아 〈2001 스페이스 오디세이〉(1968), 〈혹성탈출〉(1968), 〈스타워즈〉(1977), 〈블레이드 러너〉(1982), 〈매트릭스〉(1999) 그리고 〈블레이드 러너〉(1982)와 마찬가지로 필립 K. 딕의 동명소설을 각색한 〈마이너리티 리포트〉(2002) 등의 작품이 쏟아져 나왔다.

변덕스러운 쾌락과 광고

—

이 세계에서는 오직 즉각적이고 손쉽게 바뀔 수 있는 변덕스러운 쾌락을 제공하는 것만이 가치를 갖는다. 실제로 다른 사람과 함께 보낸 시간 정도만 아직 희귀재로 남아 있을 뿐이다. 패션쇼와 콘서트 등 실제 공연으로서의 볼거리와 미디어가 제공하는 정보로서의 볼거리 그리고 정보로서의 볼거리 중에서도 가장 상업적 형태의 볼거리인 광고. 이것들은 서로 다르다고 주장함으로써 서로가 서로에게 자양분이 된다. 하나 같이 상품이나 사건들을 새롭게 가공함으로써, 즉 얼마 전까지 유행하던 것을 불과 며칠 만에 철 지난 것으로 만들어버림으로써 연명한다. 양쪽 다 무슨 수를 써서라

도 그것이 새로운 것임을 확실하게 보여주어야 한다. 새로운 것만
이 유일하게 소비자의 관심을 끌 수 있는 볼거리이므로.

끝없이 이어지는 광고를 보면서 잠재적 구매자는 과거의 구매
행위에 대한 실망을 앞으로의 구매 행위에 대한 환상으로 메운다.
욕망의 갱신은 좌절감을 마비시킨다. 마찬가지로 미디어 시청자들
도 끊임없이 새로운 것을 갈구하고, 기자들은 새로운 것을 제공하
겠노라고 그들에게 약속한다. 각종 브랜드들은 홍보팀의 활약과는
별개로 그에 못지않은 만큼의 광고를 통해 지명도를 높이려고 눈
물겹게 분투한다. 광고는 미디어를 먹여 살리며 요즘 들어서는 영
화 캐스팅은 물론 뉴스라는 볼거리에도 참여한다.

광고가 고객에게 강제하는 새로운 것의 '독재'는 새로운 우상들
을 소비하기 위해 과거의 우상들이 파괴되기를 애타게 기다리는
독자와 유권자들의 마음속을 파고든다.

불안정성에 대한 패션의 저항
—

장기간이 아닌 단기간의 이 독재는 달리 생각하면 생산자에 대한
소비자의 독재, 즉 아직 표현되지 않은 소비자의 욕망, 공급자를
향한 충성심을 거부하려는 소비자의 권력 행사라고 할 수 있다. 컨
템퍼러리 모더니티의 완벽한 표현이라고 할 수 있는 패션은 항상
미친 듯이 새로운 것만 퍼 올리는 양수기처럼 기능한다. 컬렉션 제

작 스케줄과 패션쇼 스케줄에 맞춰 경영되는 패션은 몇 주일이나 심지어는 불과 며칠을 단위로 현기증 나게 돌아간다.

패션은 전파되어 확산됨과 동시에 가치가 떨어진다. 유행을 따르는 것이 유행이라고 생각하는 사람은 점점 줄어드는 추세다. 저마다 고유한 스타일을 창조하고 있고, 그 스타일은 늘 바뀐다. 컨템퍼러리 모더니티는 자유로운 개인, 자기도취적이고 고독한 개인을 가리킨다.

모더니티는 스타일이며, 이는 우아함과 혼동될 수 없다. 스타일은 눈에 띄는 것인 반면 우아함은 드러나지 않는 조심스러움이다. 신경증적이며 자살로 몰아갈 듯한 불안정성에 저항하기 위해 패션은 1980년대 중반부터 스스로를 예술로 승화시키려는 시도를 하고 있다. 패션 박물관들이 앞다투어 문을 여는가 하면, 유명 디자이너 부티크들은 과거 컬렉션 의상들을 사들여 역사적으로 가치 있는 자료들을 한자리에 수집하는 일에 공을 들이고 있다. 좀 더 일반적으로 말하자면, 가장 신속하게 바뀌는 세계에서 일하는 사람들이 가장 오래된 자료들을 수집할 필요를 느끼는 것이라고 하겠다. 대홍수가 나기 전에 방주를 준비한 노아처럼.

전 세계의 서양화
—

로마제국이 세력을 상실할 무렵, 제국을 둘러싼 주변의 이방인들은 너 나 할 것 없이 모두 로마인이 되고 싶은 열망을 감추지 않았다. 마침내 로마가 정복당하자 그들은 풍습이며 언어, 문화, 종교에 이르기까지 속속들이 로마인이 되었다.

마찬가지로 1989년부터는 소비에트 체제의 붕괴와 더불어 서양 모델이 전 세계로 확산되었다. 서양 세계가 비록 경제면에서 이전에 비해 약해지고 있다고는 하지만, 오늘날 전 세계 수십억 명의 사람들은 온갖 미디어를 통해서 풍요의 장관과 시장 민주주의의 풍습들을 실시간으로 접할 수 있다. 이들은 모두 서양화되기를 열망한다. 서양 사람들처럼 옷을 입고, 서양 사람들과 같은 안락함을 누리며, 그들과 같은 직업을 갖고, 그들이 사는 곳과 같은 도시에서 그들이 몰고 다니는 자동차를 타며, 그들이 즐기는 놀이를 하고, 그들이 사는 집과 같은 곳에서 살며, 그들과 같은 풍습을 누리고 싶어 한다. 그러기 위해서 사람들은 저마다 생산성 증대라는 이성의 요구를 받아들인다. 이 경우 "모더니티"와 "모던화"라는 말의 의미는 전 세계적인 차원에서, 19세기 초부터 서양에서 사람들이 그 말에 부여하던 의미, 즉 자유롭게 살며 큰돈을 번다는 뜻으로 통일된다. 분명 '자유롭게 살면서'보다는 '큰돈을 번다' 쪽에 방점이 찍힐 테지만.

모던하다는 것은 시장 민주주의에 이득이 되는 방향과 일치한다. 그러니까 인권에 부합하는 것이다. 기업가 정신과 혁신을 높이 평가하는 나라는 모던하다. 여성들에게 모든 남성들과 똑같은 권리를 인정해주는 것은 모던하다. 그리고 세계의 모든 아이들에게

서양 아이들과 똑같은 비디오게임, 똑같은 운동복을 입을 권리를
인정해주는 것도 모던하다. 효율적이고 합리적인 국가, 임의적인
것과 부패, 범죄에 대항해서 싸울 수 있으며 법치국가 정신을 준수
하는 국가는 모던하다.

전 세계의 서양화는 오늘날 여전히 진행 중이며 여기에 대해서
이의를 제기하는 사람은 이제 거의 없다. 독재국가들은 동유럽, 라
틴 아메리카, 아프리카, 아시아 등지에서 하나씩 붕괴되고 있다.

교회마저 적어도 부분적으로는 여기에 동참한다. 교황 요한 바
오로 2세의 1998년 회칙 "신앙과 이성Fides et ratio"에는 수 세기 동
안 답습되어오던 교황청의 관습과 학자들을 핍박했던 과거를 질책
하는 문장이 등장한다.

이성이 결핍된 신앙(……)은 신화나 미신으로 전락할 커다란 위험
에 빠진다. 오직 아랍 세계만 여전히, 적어도 부분적으로나마, 여기
에 저항한다.

모더니티를 조롱한 컨템퍼러리 아트

—

전위예술들은 날이 갈수록 점점 덧없어지고 있다. 이 예술들은 공
통적으로 상대주의, 혼합, 패러디, 키치, 유아적 사회의 상징을 활
용한다는 특징을 지니고 있다.

전위에 있어서는 예술이든 다른 어떤 분야든 모더니티 같은 건 더 이상 존재하지 않는다. 모던하다는 건 기껏해야 1950년대를 가리키므로 모더니티라는 용어 자체도 부정적인 함축 일색이다. 예술 분야에서는 대중의 눈에 보이는 순간 이미 구식이 되어버리는 탓에 유행하는 작품은 '컨템퍼러리'일 수밖에 없다.

컨템퍼러리 예술은 처음에는 '지금 생산된 모던 예술'을 의미했지만 점차 모던 예술과 구별되기 시작한다. 모던 예술이라는 용어가 1880년부터 1960년 사이에 생산된 작품들로 제한되는 폐쇄적인 기준이 되었기 때문이다.

1960년대부터는 이 두 용어의 구분이 훨씬 뚜렷해진다. "컨템퍼러리"라는 말은 생존한 작가들에게만 적용되기 시작했다. 게다가 생존한 작가라고 해서 모두 "컨템퍼러리"라고 할 수도 없는 것이, 그 이전에 어떠한 확실한 흐름에도 발을 담근 적이 없다고 인정되어야만 그 자격을 얻을 수 있다.

이 무렵 생존해 있던 컨템퍼러리 예술가들의 상당수는 전후戰後에 활동을 시작했으므로, 경매회사에서는 1945년을 모던 예술과 컨템퍼러리 예술을 구분 짓는 기준으로 결정했다. 크리스티Christie's만 예외였다. 크리스티는 1960년을 컨템퍼러리 예술의 시작으로 삼았고, 1945년부터 1960년 사이의 기간을 따로 떼어 "1950년대 예술"이라고 불렀다.

때로는 시작을 알리는 명확한 기준 연도가 제시되기도 한다. 예를 들어 1961년이 있다. 그해는 29세에 요절한 섬광 같은 예술가로 '아르테 포베라arte poveran'•, '개념예술'••등의 선구자로 추앙받는 피에로 만초니Piero Manzoni가 〈예술가의 똥Merda d'artista〉을 발표한 해다. 고귀한 노란 금속, 금의 시세에 따라 작품 가격이 그날그날 평가되었으므로 문자 그대로 황금 값에 팔린 이 작품은 실제로 '예술가의 똥'을 30그램씩 통조림 깡통에 담아 철저하게 '자연 상태에서' 보관한 '메이드 인 이탈리아' 제품이었다. 이 아이디어(이렇게 말해도 된다면 말이지만)는 여러 차례에 걸쳐서 재활용 되었고, 급기야 2000년에는 플랑드르 지방 출신 예술가 빔 델보예Wim Delvoye의 설치 미술 작품 〈클로아카Cloaca〉(2003년 리옹 컨템퍼러리 미술박물관에서 전시되었다)를 낳았다. 이 작품의 실험이 계속되는 동안 프랑스 요리계의 내로라하는 몇몇 유명 셰프들은 이 기계를 위해 요리를 만들었고, 요리를 먹은 기계는 음식을 소화한 후 배설했다. 원하는 관중은 기계의 몸에서 나온 배설물을 조각당 1,500유로라는 가격으로 구입하는 것도 가능했다.

컨템퍼러리 예술에서 기억할 만한 또 다른 연도로는 미국의 예술가 앤디 워홀이 브릴로 비누 포장을 복사한 후 이를 실크 스크

• '가난한 예술'을 의미하는 아르테 포베라는 모래나 자투리 헝겊, 흙, 아스팔트 조각, 헌옷 등을 소재로 사용한다고 해서 붙여진 이름이다. 이탈리아 주요 도시들에서 시작하여 1960년대에 국제 무대에 알려지기 시작한 예술의 한 부류로, 본격적인 사조라기보다는 예술을 대하는 태도, 곧 산업이 되어 버린 문화, 더 나아가서는 소비 사회에 대한 도전으로 이해된다.

•• 전 예술과 달리 완성된 작품 자체보다 그 작품을 만드는 과정이나 출발점이 된 아이디어를 예술이라고 보는 경향이다.

린 기법으로 재현해낸 1964년을 꼽을 수 있다.

1972년부터 이따금씩 "전위예술"이니 "개념예술" 또는 "퍼포밍 아트" 등의 용어가 사용되었지만, 당시만 해도 "컨템퍼러리 예술"이라는 용어는 아직 등장하지 않았다. 같은 해, 미국의 미술 평론가 해럴드 로젠버그Harold Rosenberg는 저서 《예술의 탈정의The De-Definition of Art》에서 이렇게 말했다.

전쟁 이후 미국의 미술관들은 나날이 더 전위적이 되어간다. 여러 관점에서 볼 때 이들은 새로움에 대한 추구에 있어서 예술 자체보다도 훨씬 앞서 간다. (……)

컨템퍼러리 회화나 조각 작품은 일종의 반인반수의 괴물 켄타우루스 같다. 반은 예술적인 질료로 나머지 반은 언어로 이루어졌기 때문이다.

로젠버그는 예술이라는 개념과 예술 작품 모두에 적용 가능한 의미 상실 현상을 예술의 "탈정의脫定義"라고 이름 붙였다. 참고해야 할 아무런 기준도, 규범도 없는 상태에서 어떻게 '예술적' 품질과 '예술적' 실천 행위를 판단할 수 있단 말인가?

1980년대에 들어와 박물관, 화랑 같은 예술과 관련 있는 기관들이나 전문 잡지, 평론, 예술 시장, 공공미술 공모전 등은 "컨템퍼러리 예술"에 대해 나름대로의 정의를 제시했다. 이렇게 정의된 "컨템퍼러리 예술"은 팝아트, 신사실주의, 비디오아트 등 여러 다양한 사조들을 모두 포함한다. 패션, 트렌드, 학파, 기술 등은 극심한 동요를 일으킬 정도로 빠른 변화를 거듭했다. 도대체 예술이란 무엇인가? 예술 작품이란 또 무엇인가? 하나의 이벤트는 예술 작품인가? 그것을 판가름하고, 예술이라는 이름을 붙일 권리는 누구에게 있는가? 예술가 자신? 화랑 주인들? 수집가들? 전시 기획자들? 그것도 아니면 비엔날레 담당자들?

결국 사람들은 특별한 예술적 가치라고는 없지만 오직 예술과 관련 있는 곳에 설치되어 있다는 이유 한 가지 때문에 예술품이 된 사물들이나 실천 행위들을 가치 있는 것으로 인정하기에 이르렀다(그러니까 미술관이나 화랑에 전시하는 것을 가리킨다). 그리고 그 사물들이나 실천 행위에 영원성을 부여하고자 시도했지만, 솔직히 부질없는 시도로 끝나는 경우가 많았다. 언제나 그렇듯이 동요가 심한 시기에는 사물에 똑 부러지게 적절한 말을 붙여주기가 쉽지 않으므로 개념들은 속절없이 더듬거리게 된다. 가려운 곳을 시원하게 긁어주는 명확한 말을 들려줄 수가 없다는 말이다.

1990년대에 들어오자, 아서 단토Arthur Danto, 한스 벨팅Hans Belting, 지아니 바티모Gianni Vattimo(각각 미국인, 독일인, 이탈리아인) 같이 명망 높은 미술 평론가들이 나서서 컨템퍼러리 예술은 모던 예술과는 완전히 다른 부류의 예술이라는 사실을 분명히 했다. 아서 단토는 심지어 "깊이 뿌리 내린 다원성과 완전한 관용의 시대"에 "예술의 종말"을 선언하기도 했다. 그에 따르면 미학적 기준의 부재야말로 예술의 종말이라는 생각에 힘을 실어준다. 《예술의 역사는 끝났는가?Das Ende der Kunstgeschichte?》를 집필한 한스 벨팅은 "컨템퍼러리 예술은 익히 잘 알려진 예술의 역사를 반영하고는 있으나 이를 연장하지는 못 한다"고 단언했다.

많은 컨템퍼러리 예술가들의 작업이 이전 시대의 엄격한 범주화를 벗어나는 것이 사실이다. 이들에게는 오직 작품의 순간성만이 중요하다. 퍼포먼스, 랜드 아트land art, 개념예술, 작품의 비물질화, 전자 예술, 컨템퍼러리 질료의 활용, 신미디어, 설치미술 등이 제멋대로 혼합된다. 전통적인 장르와 그에 따른 구분이 와해되는 가운데 평론 기재(작가 자신 또는 평론가들의 글, 미학 관련 에세이 등)도 이제 작품의 일부로 편입되는 경향을 보인다. 컨템퍼러리 예술가들은 특히 그들 자신이 퍼포먼스를 펼치는 행위 예술가이기도 하다. 가령 2010년 뉴욕현대미술관MOMA에서 열린 회고전에서 전시장에 놓인 테이블 앞에 아무 말 없이 앉아 있는 것만으로도 관람객들의 마음을 뒤흔들어 놓았던 마리나 아브라모비치Marina Abromovic•의 사례를 들 수 있다.

20세기 말, 뉴욕의 MOMA는 "모던 예술이 아닌 컨템퍼러리 예술 작품들을 구입해야 하는지, 그렇게 함으로써 엄격한 시간적인 의미에서 모던 예술 전문 미술관이 될 것인지, 아니면 스타일 면에서는 모던하지만 더 이상 컨템퍼러리한 세계를 반영하지 못하

• 1946년 출생. 세르비아(구 유고슬라비아) 출신으로 뉴욕에서 활동하는 행위 예술가다. '행위 예술가의 대모'로 추앙받고 있다.

는 예술 작품만을 수집할 것인지를 결정해야 했다.ʺ(아서 단토) 결국 MOMA는 컨템퍼러리 예술 작품을 구입하기로 결정했다.

프랑스에서는 컨템퍼러리 예술이 제도적으로 상당한 수혜를 입었다. 공공 기금으로 컨템퍼러리 예술 작품을 구입하여 그 가치를 알리는 임무를 부여받은 문화사업지방국DRAC과 지역현대미술기금FRAC이 1977년과 1983년에 각각 설립되었기 때문이다. 오늘날 지역현대미술기금은 거의 8만 점에 육박하는 작품들을 이미 구입했거나, 국가 기금을 통해 국적과 분야를 불문하고 활동 중인 예술가들에게 작품을 주문한 상태다. 수집된 작품들의 3분의 1은 프랑스 예술가들이 제작한 것이다.

유럽 외의 다른 지역에서는 신흥국가들에서 거의 폭발적이라고 할 만한 창의력 분출 현상이 감지된다. 이들 나라의 미술 시장은 신흥 부자들의 출현 리듬에 발맞춰 성장을 거듭하고 있다. 중국, 러시아, 브라질 등이 여기에 해당된다.

이것은 역사의 한 순간이 아니다
—

컨템퍼러리 모더니티에 반대하는 세력도 즐비하다. 생산성 증대와 불안정성이라는 쌍두마차의 전횡에 반대하는 세력, 장기적인 안목 부재에 대한 반대 세력, 지나치게 유연해진 경계와 그로 인한 마구잡이식 혼합에 대한 반대 세력이 만만치 않다는 말이다.

예술 분야에 있어서는 특히 "반反 컨템퍼러리 예술 전선"이 서서히 형성되고 있다. 전통주의자들과 모던 예술에 대한 향수를 간직한 자들, 새로운 공식적 예술이 되어버린 컨템퍼러리 예술의 제도화에 적대적인 진보주의자들의 연대가 가속화되고 있다.

1991년, 잡지 〈에스프리Esprit〉는 기획자의 의도가 다분히 드러나는 "미학적 감상 기준은 여전히 존재하는가?"라는 주제를 놓고 토론의 장을 마련했다. 〈아트 프레스Art Press〉 혹은 〈크리틱Critique〉 같은 매체들도 "컨템퍼러리 예술의 위기", "컨템퍼러리 예술 대 모던 예술" 같은 주제를 앞다퉈 조명했다. 프랑스의 예술사가 레네르 로클리Rainer Rochlitz는 《전복과 지원금. 컨템퍼러리 예술과 미학적 논거Subversion et subvention. Art contemporain et argumentation esthétique》(1994)라는 책에서 "고전적인 모던 예술과는 달리 컨템퍼러리 예술은 동원한 수단이 무엇이든 거의 언제나 실망스럽다"고 노골적으로 비난했다. 1992년 9월부터 이듬해 3월까지 "문제가 되고 있는 컨템퍼러리 예술"이라는 주제를 놓고 죄드폼국립미술관에서 열렸던 일련의 강연들은 〈에스프리〉가 던진 화두에 대한 대답을 제시했다. 이 강연에는 컨템퍼러리 예술의 옹호자 격으로 레네르 로클리, 조르지 디디 위베르망Georges Didi-Huberman, 카트린 미예Catherine Millet 등이 나섰으나 설득력 있는 사례에 근거한 논거를 전개하지는 못했다. 이들은 시스템이 지니는 제도적, 미디어적, 상업적 구속으로부터 벗어나는 야심만만한 작품들을 단 한 건도 제시하지 못했다. 때문에 카트린 미예는 그녀가 쓴 글에서 "이제 시작에 불과하다. 예술은 계속 된다"고 고백했을 정도다.

1996년, 사회학자 장 보드리야르Jean Baudrillard가 일간신문 〈리베라시옹Libération〉에 기고한 글 "예술의 음모Le complot de l'art"는 이러한 상황에 기름을 들이붓는 역할을 했다. 보드리야르는 예술의 음모란 풍자적이고 냉소적인 예술가가 "황당해 하고 도저히 믿을 수 없어 하는" 대중들과 맺는 "음흉하고 부끄러운 공범적인 관계"라고 설명했다. 보드리야르는 너무도 하찮은 현실, 진부함, 쓰레기, 천박함 등을 취해 과거의 형태, 과거의 스타일을 무한히 재활용하여 시시한 작품을 만들어내는 예술의 기만을 꼬집었다.

컨템퍼러리 예술의 모든 기만은 이미 아무 별 볼 일 없음에도 무가치, 하찮음, 무의미를 목표로 한다고 표방한다는 데 있다.

미술 평론가 필리프 다장Philippe Dagen은 이와 반대로 저서 《예술에 대한 증오La Haine de l'art》(1997)에서 컨템퍼러리 예술에 대한 배척은 프랑스가 20세기 초부터 줄곧 앓고 있는 고질적인 반反모더니즘 정서의 연장선상에 있다고 주장한다. 1997년 프랑스 문화부의 후원을 받아 파리의 국립미술학교에서 "컨템퍼러리 예술, 질서와 무질서"라는 주제로 열린 학회에 참석했던 아서 단토는 프랑스 사람들 사이에서 벌어지는 복수극을 참관한다.

그때까지는 잡지나 저널 등의 지면을 통해서 다분히 감정적인 일련의 견해를 주고받는 것 정도에 머물렀던 논쟁이 이날 파리 보자르 학교에서는 문자 그대로 공개적인 싸움이 되어버린 양상이었다. 서로 다른 입장을 지지하는 옹호자들은 제각기 싸움판에 뛰어들어 천여 명가량의 청중들 앞에서 자신의 견해를 피력했다. 규율 따위는 크게 개의치 않던 청중들은 "나치!", "파시스트" 등등의 고함을 질러댔고, 연설은 그 욕설들에 파묻히고 말았다. 《《미래의 마돈나: 다원적 예술 세계에서의 시도들The Madonna of the Future : Essays in a Pluralistic Art World》(2000년)》

1999년도 살롱 데 쟁데팡당 전시회Salon des indépendants의 카탈로그에서 전시위원장 장 몬느레Jean Monneret는 컨템퍼러리라고 인정되는 작품의 선정에 개입하려는 국가의 영향력을 비판했다.

모든 생존 예술가들은 컨템퍼러리 예술가들이다. 예술을 하는 건 예술가들이다. 모든 예술가들 말이다! 그들이 자유롭게 예술을 하는 것이다! 그런데 국가는 대중들에게 관심을 가질 만한 예술은 하나뿐이라고, 그러니까 이른바 "컨템퍼러리 예술"이라고 불리는 예술, 다시 말해서 국가 예술 뿐이라고 설득하려 한다. (……) 실제로 국가 예술은 뛰어난 예술가들의 예술을 임의적으로 유서 깊은 살롱으로부터 멀리 떼어놓으려는 단 하나의 길만을 차용한다. 제대로 된 민주주의 국가에서라면 납세자들이 낸 세금을 소중하게 생각해서라도 이 시대의 현실이 지닌 모든 다양한 모습을 하나도 빠짐없이 반영하라고 촉구해야 마땅할 것이다.

2011년 9월, 다니엘 뷔렌Daniel Buren은 〈뢰이유L'Oeil〉라는 잡지에 기고한 글에서 한층 더 과격한 비판을 쏟아냈다.

> (컨템퍼러리 예술이) 놀랄 만큼 건재함을 과시(전 세계에서 열리는 각종 비엔날레, 모든 흐름을 한 장소에서 만날 수 있는 미술 시장, 넘쳐나는 경매 시장 등)하고 있다는 평가는 성찰 면에서는 거의 파산 상태에 다다른 분야가 지니는 다소 역설적인 양상 가운데 하나다. 그것은 역사를 형성하는 하나의 순간이 아니라 하루살이식의 유행에 지나지 않는다……. "컨템퍼러리"는 완전히 의미를 상실한 용어에 불과하나, 조금이라도 새로운 것, 조금이라도 관객에게 불편함을 안겨주는 무엇인가를 보여주려는 예술가의 노력을 떡잎부터 완전히 무력화시키는 데 있어서는 이제까지 등장한 그 어떤 용어보다도 강력하고 효율적이다.

컨템퍼러리 예술에 대한 가장 무서운 비판은 무엇보다도 예술가 자신들에게서 나온다. 특히 미국에서 그러한 경향이 두드러지게 나타났다. 가령 폭발적 파괴력을 지닌 뉴욕의 헤네시 영맨Hennessy Youngman은 〈아트 소트Art Thoughtz〉라는 제목의 연작 비디오에서 모던 예술의 기만적인 행각을 낱낱이 보여준다. 그의 비디오는 예술 작품인 동시에 매우 풍부한 자료를 바탕으로 포스트모던과 컨템퍼러리가 쏟아낸 온갖 거창한 이론들을 여지없이 파괴하는 폭탄이기도 하다.

인류는 어떻게 진보하는가

20세기 말, 이성 지향적인 모더니티가 승리의 개가를 울리며 화려하게 컴백하면서 컨템퍼러리와 포스트모더니즘은 그동안 난무했던 수많은 정의들 속으로 용해되어버렸다. "메타모더니즘", "포스트모더니즘 이후", "포스트모더니즘의 죽음", "퍼포머티즘performatism", "디지모더니즘digimodernism", "슈도—모더니즘pseudo-modernism" 등의 용어가 줄줄이 등장했다. 내용을 들여다보면 저마다 중구난방이다. 예를 들어 페터 슬로터다이크Peter Sloterdijk에게 포스트모더니티는 "컨템퍼러리"로 요약된다(《냉소적 이성 비판》, 1983). 장 프랑수아 리오타르Jean-François Lyotard에게 포스트모더니티는 가속화 되어가는 개인화 현상 속에서 모더니티의 완성을 말한다. 앤서니 기든스Anthony Giddens(《모더니티의 결과The Consequences of Modernity》, 1990)에게 포스트모더니즘의 질서는 "모더니티의 급진화"로, 이는 전 지구적인 차원에서만 상상 가능하며 전쟁이 불가능해진 세계에서 천연자원의 품귀 현상을 고려할 때 "포스트 결핍"이라는 특성을 지닌다. 프랑스 사회학자 알랭 투렌Alain Touraine은 포스트모더니티와 컨템퍼러리가 더 이상 서양의 지배를 받지 않는 세계, 무수히 많은 소수 문화가 공존하는 세계에서 문화와 진보를 갈라놓는다고 주장했다. 루퍼트 스미스Rupert Smith 장군에게 '포스트모던' 국가는 개방적이고 부유하지만 명확한 정치 구조를 갖지 못한 나라들인 반면, '프리—모던' 국가는 가난하고 개발이 덜 이루어진 국가들이고, '모던' 국가들은 산업화되었으며 매우 확실한 법치 규범을 가진 나라들이다. 질 리포베츠키Gilles Lipovetsky(《하이퍼모던 시대Les Temps hypermodernes》)에게 포스트모더니티는 합리성이라는 토대의 전복, 역사를 장식했던 강력한 이념들의 파산, 사회의 개인화가 지니는 역동성 등을 가리킨다. 프랜시스 후쿠야마Fransis Fukuyama에게 포스트모더니티와 컨템퍼러리는 시장 민주주의의 보편화로 인해 이념적 갈등이 끝나면서 맞이하게 되는 역사의 종말과 혼동되어 쓰인다. 오사무 니시타니Osamu Nishitani(《다시 생각해보는 '역사의 종말' 모더니티와 역사》)에게 컨템퍼러리 세계의 이상향은 역사 없는 국가로, 오늘날 미국이 대표적인 예에 해당된다. 마지막으로 교황 요한 바오로 2세도 1998년도 회칙 "신앙과 이성"에서 "포스트모더니즘"이라는 용어를 사용했는데, 이는 가치의 상대주의, 이성을 바라보는 회의주의, 모든 인간적 혹은 신적 진리에 대한 부정을 지칭하면서 이를 비판하기 위함이었다.

2011년, 런던의 빅토리아 앤드 앨버트 뮤지엄에서 열린 "포스트모더니즘 스타일과 전복"이라는 제목의 전시회는 포스트모더니즘을 역사적으로 이미 끝났고, 컨템퍼러리에게 자리를 물려준 사조로 소개했다.

자, 그렇다면 현재는 어떤가? 지난 역사로부터 앞으로의 모더니티를 추론하는 일은 과연 가능할까? 만일 그것이 가능하다면 2030년의 모더니티는 어떤 모습일지 그 윤곽을 그려보는 일, 다시 말해서 2030년의 시점에서 2060년, 그리고 그 이후까지를 바라보는 방식과 이를 준비하는 방식을 예측해볼 수 있을까?

인류는 어떻게 진보하는가

8

2030년에는 어떻게
미래를 상상할 것인가

모더니티의 여러 형태를 되짚는 작업은 '미래의 미래'를 도출해보자는 궁극적인 목적을 가지고 있다. 그리고 이를 통해 앞으로 살아갈 세대의 미래 비전, 즉 2030년을 사는 세대들이 2060년의 세계를 구상하고 건설하려는 방식을 상상해보려는 것이다.

지금까지의 내용에 따르면 이 문제는 이미 해결되었다고 생각할 수도 있다. 이제 곧 90억 명을 돌파하게 될 지구상의 주민들은 자유롭게 살면서 큰돈을 벌고 싶어 한다고 말하지 않았는가. 앞으로도, 오늘날과 매한가지로, 시장 민주주의가 주는 이득에 부합하는 것이라면 무엇이든 모던하다는 대접을 받을 것이다. 인류가 맞이한 세 번째 모더니티는 그러므로 서구화라는 이름으로 앞으로도 내내 군림할 것이다. 그중에서도 특히 여자와 어린이들에게도 남자들과 똑같은 권리를 인정해주는 것은 모던한 것이다. 이러한 모더니티는 기업이나 혁신, 도시 안에 들어서는 대담한 건물들, 벤처 창업 지원 시설, 컨템퍼러리 예술 박물관, 교향악단들에 관한 담론에서도 쉽게 읽을 수 있을 것이다.

그러나 적지 않은 세력들이 다양한 장소에서 이 미래의 미래에 대해 반대할 것이다. 사실 우리들 각자는 이성 지향적인 모더니티가 사람들을 행복하게 만들어주기에 충분하지 않다는 것을 잘 알고 있다. 우리는 시장 민주주의가 불평등을 강화하고 국가를 약화시키며 좌절감을 키우고 오직 컨템퍼러리, 즉 순간에만 관심을 보인다는 점 등을 통감하고 있다.

실제로 나는 모더니티에 대해서 일곱 가지 미래가 가능하다고 본다. 앞으로 살아갈 세대를 위한 일곱 가지 정도의 계획안, 그러니까 역사상에서 이미 활약 중인 일곱 가지 세력에 대응하는 계획안이 그려진다는 말이다. 나는 그 일곱 가지를 각각 다음과 같이 부르겠다.

하이퍼 모더니티hypermodernité

비非모더니티amodernité

복고 지향적 모더니티rétromodernité

민족 지향적 모더니티ethnomodernité

생태 지향적 모더니티écomodernité

신정정치 지향적 모더니티théomodernité

대안적 모더니티altermodernité

제일 처음으로 언급한 '하이퍼 모더니티'는 이성 지향적인 모더니티가 최고조에 이르도록 연장되는 것이다. 그 다음의 다섯 가지는 이전 시대의 모더니티를 약간씩 수정한 형태에 해당된다. 내 생각에는 마지막에 언급한 '대안적 모더니티'만 독창적이다. 그렇기 때문에 대안적 모더니티만이 하이퍼 모더니티와 경쟁을 벌이면서도 장기적인 관점에서 인류의 생존을 보장하며, 민주주의와도 양립 가능해 보인다. 하지만 대안적 모더니티는 지극히 실현 가능성이 없어 보인다.

하이퍼(인공물) 모더니티

—

이 세계가 지금과 같은 역동성에 따라 진화를 계속한다면 인류 역사상 세 번째 형태의 모더니티, 즉 전 지구적인 이성의 승리와 그에 부응하는 정치 형태인 시장 민주주의의 승리가 일반화될 것이다. 지구촌 주민들은 일하고, 선택하고, 투표하고, 결혼하고, 이혼하고, 배우고, 치료받고, 거주하고, 여가를 즐기고, 여행하고, 이사할 권리 등 서양인들과 똑같은 권리를 누리고 싶어 할 것이다. 또한 자신의 의사에 따라 선택을 바꿀 수 있기를 원할 것이다. 생산성 증대의 지배는 여전히 계속될 것이다. 좌파와 우파는 '시장'에 찍힌 방점(어차피 시장은 신기술이 계속 출현하는 한 좌우 양측 모두에게 너무도 방대한 영역이다)을 통해서가 아니라 사회정의와 효율성을 기준으로 구분될 것이다.

글로벌화 되어가는 시장은 태생적으로 지역에 머물 수밖에 없는 민주주의보다 더 큰 영향력을 지니게 될 것이다. 극도의 무질서 속에서 허우적거리는 세계는 내가 다른 책에서 하이퍼 제국이라고 명명한 것들에 의해 지배될 것이다. 이러한 미래 비전을 지칭하기 위해서 나는 "하이퍼 모더니티"라는 용어를 제안한다. 하이퍼 모더니티는 주로 오늘날 보호받고 있는 여러 분야에서 생산성 향상을 위해 자행되는 극심한 경쟁의 결과로 얻어진다.

우선 인류는 어린이들을 대상으로 하는 주요 활동들과 서비스, 특히 교육 분야에 혁명을 가져오겠다는 야심을 품고 정보 관련 신기술을 적극적으로 활용할 것이다. 디지털 기기를 통해 독서를 하고, 디지털을 이용해 여가를 즐기며, 온라인을 통해서 학위를 취득하는 것은 하이퍼 모던한 것으로 간주될 것이다. 온갖 질병을 예방하기 위해 자가 감시를 하는 것도 마찬가지다.

이 새로운 형태의 이성 지향적 모더니티를 알리는 서곡은 이미 오래 전부터 준비되어왔다. 말하자면 하이퍼 모더니티는 모든 결정, 즉 노동 계약을 비롯한 모든 형태의 협정이 지니는 불안정성이나 사회적 지위와 거주지의 불안정성 같은 요즘의 경향이 한층 더 심화된 형태라고 볼 수 있다. 그 결과 충실이라는 이름으로 행해지는 불충실이 만개하는 역설에 이르게 된다. 이를테면 자유롭기 위해, 상대방을 속이지 않기 위해 아예 협약 자체를 깨어버리는 역설적인 결과에 도달하게 되는 것이다.

이렇게 되면 결국 근친상간을 제외한 모든 형태의 정서적, 성적

관계를 수용할 수밖에 없을 것이다. 누구나 혼인할 수 있는 권리를 넘어서, 누구나 이혼하고, 누구나 아이를 가질 수 있는 권리도 인정하게 된다는 말이다. 성인 남녀들은 누구나 즉흥적이고 순간적인 관계를 맺고, 동시적이며, 모든 구속과 약속으로부터 자유로운 관계 속에서 살게 될 것이다. 겉보기에는 점점 더 자유분방해지는 것 같지만 실제로는 점점 더 성가시게 구는 네트워크에 의해 밀착, 근접 감시 상태에 놓이게 될 것이다.

자유롭기 위해서 성생활은 점차 자손 번식과는 분리될 것이며 결국 그 자체로의 쾌락, 일종의 자아 발견 혹은 상대방 발견의 원천으로 변화해갈 것이다.

이 같은 양상의 하이퍼 모더니티는 차츰 누구나 사물과 서비스에 접근할 수 있도록 일반화를 시도할 것이다. 사실 사물과 서비스는 사고파는 상품으로서 서로 연결되어 세계 어디에서나 통하며 (노마드), 이제는 심지어 인체 내부까지 파고들 것이다. 결국 보철 기기를 장착하면 할수록 인간은 더 모던해질 것이다.

우선 휴대폰을 대체하게 될 스마트 워치 등이 차고 있는 사람의 건강에 관한 정보까지도 제공할 것이다. 그 뒤를 이어 페이스메이커나 인공장기를 닮은 각종 감시용 혹은 치료용 임플란트가 등장할 것이다.

패션은 점차적으로 노마드와 유니섹스라는 콘셉트를 중심으로 진화할 것이다. 다른 무엇보다 인디언 복장에 가까워질 것이며, 나노 기술과 사물 인터넷 덕분에 스마트해진 소재들, 즉 건강, 기분,

행동 등의 모든 면에서 상대방 감시 혹은 자가 감시가 가능한 소재들이 각광받을 것이다.

따라서 한 사회의 하이퍼 모더니티 정도는 그 사회의 인공 보철물의 발전 정도에 따라 판단 가능하다. 좀 더 일반적으로 말하자면, 모든 인공적인 것은 하이퍼 모던한 것으로 평가될 것이다.

생산성 제고를 위해 도처에서 로봇이 활용될 것이다. 공장이나 사무실은 물론, 가정을 비롯한 사적 영역에서도 동반자로서의 로봇이 출현할 것이다. 기후 같은 천연자원 문제도 기술의 진보를 통해 해결할 수 있으리라 기대하게 될 것이다.

바이오, 나노, 로봇 기술 등의 발전이 이러한 진화를 가속화할 것이다. 뇌에 심은 임플란트 덕분에 생각의 전달만으로 접속 중인 기계를 제어하는 일도 가능할 것이다. 각종 인공 기관들(기계장치, 전자장치, 유전자 장치)이 노화되는 자연 기관들을 대체할 것이다.

1952년에 발표된 버나드 울프의 앞날을 예견하는 놀라운 소설 《림보》(이 소설에서 개인의 지위는 자신의 팔과 다리를 자발적 의지에 따라 절단한 대가로 허락받은 보철의 수에 좌우된다)에서 보듯이, 보철물이 많으면 많을수록 모던해질 것이다. 인간으로 남아 있으면서도 인간 본질의 새로운 가능성을 발전시켜나가는 "트랜스 휴먼"(올더스 헉슬리의 동생인 생물학자 줄리언 헉슬리Julien Huxley가 내린 정의)도 같은 맥락으로 이해할 수 있다.

노화는 점점 늦추어질 것이다. 심지어 '역노화'가 등장할 수도 있다. 젊음을 유지하면서 천 년을 사는 것은 더 이상 허무맹랑한 공

인류는 어떻게 진보하는가

상이 아니다. 이로 인해서 삶의 조건과 은퇴 문제 등에는 굉장한 지각변동이 일어날 것이다. 여러 세대의 공존 문제는 죽은 자들이 부활할 경우에 대비해서 성찰했던 중세 시대와는 전혀 다른 양상으로 제기될 것이다.

궁극적으로 인류는 남자와 여자가 모든 면, 출산 문제까지도 포함하는 그야말로 모든 면에서 완전히 동일해지는 유니섹스 시대를 향해 나아갈 것이다. 출산은 더 이상 여자들만의 특혜 내지는 부담이 아닐 것이라는 말이다. 이는 점점 더 복잡해지는 기술을 이용해서 이미 오래 전부터 진행되어온 번식과 성생활을 분리시키려는 진화 과정(피임약, 시험관 아기 등)을 연장하는 셈이다. 언젠가는 단성單性이 되는 것(실제로 단성 동물들은 이미 수억 년 전부터 존재하지 않았나!)이, 혼자 또는 여럿이서, 신체적인 성관계를 갖지 않고도, 아무도 태아를 몸 안에 품지 않으면서도 아기를 가질 수 있는 것이 하이퍼 모던한 세상이 될 수도 있다. 이는 곧 태아와 모태를 분리하는 것, 아기를 여성의 자궁이 아닌 맞춤형 인공 자궁에서 임신하여 태어나도록 하는 것을 의미한다. 요컨대 인간 자체가 인공물이 된다는 것을 의미한다.

곁들여서 말하면, 인공 자궁은 인류의 진화를 가로막는 또 하나의 커다란 문제인 뇌의 크기를 해결하게 될 것이다. 이제까지는 출산 방식 때문에 뇌의 크기에 제한이 있었던 것이 사실이다. 앞으로 아기가 인공 자궁에서 태어나게 된다면 아기의 뇌의 크기는 전혀 제한을 받지 않을 것이다. 이는 직립 보행에 이은 대단히 급진적인 진화가 될 것임에 틀림없으며, 오늘날 진행되고 있는 모든 일들이 그와 같은 중대한 변화를 준비하고 있다.

이렇듯 다른 것들과 마찬가지로 점점 사물이 되어가는 인간은, 사물 인간을 구입하는 자들(사물이니 당연히 시장에서 팔리게 될 것이다) 입장에서 볼 때, 소비재가 되어갈 것이다. 구매한 자들에 의해서 고아원 같은 곳에 버려지기도 하고, 새 모델이 나와 인기를 끌면 중고품이 되어 다시 팔리거나 길거리에 던져지는 처지가 될 것이다. 불멸을 향한 욕망, 영원한 향락주의에 이끌려 인공물이 되어버린 인류는 결국 옹기종기 모여 있는 자기도취적 인공물의 군집으로 전락하게 될 것이다. 올더스 헉슬리가 1932년에 《멋진 신세계》에서 소름 끼칠 정도로 생생하게 묘사하지 않았던가.

예술 또한 전 세계를 대상으로 진행되는 서구화의 정점이라고 할 수 있는 이러한 진화에 최전선에서 참여하게 될 것이다. 지금도 벌써 그러고 있지만 앞으로도 퍼포먼스 등을 통해 무용수들이나 홀로그램 또는 복제물들을 활용함으로써 인체를 예술 작품의 일부로 취급하게 될 것이다.

예술가들은 유전공학을 이용해 반은 인간, 반은 동물 혹은 반은 식물, 반은 광물인 키메라들을 창조해낼 수도 있을 것이다.

우리가 이러한 하이퍼 모더니티에 저항할 수 있으리라고는 생각하기 어렵다. 새로운 것을 만들어내는 일이 가능하기만 하다면, 지구상의 어디에선가 벌써 그것이 합법적인 것으로 인정받게 될 것이다. 자신의 불멸성뿐 아니라 늘 더 강력한 자극을 추구하는 금융계와 문화계의 새로운 엘리트들인 '하이퍼 노마드'들이 이들 예술가들이 필요로 하는 자금을 댈 것이다.

더 많은 시간이 흐른 후에는 인류의 물질적 발현이 부차적인 것이 될 수도 있을 것이다. 인류는 아예 가상적인 존재, 그러니까 순수한 의식, 순수한 추상이 되어버릴 수도 있다. 가장 신체적이고 물리적인 감각마저도 추상화될 수 있다는 말이다. 성생활도 당연히 이에 해당된다. 궁극적으로 의식의 원격 이동 단계에 이를 수도 있을 것이다. 그렇게 된다면 과학의 힘을 빌려 인류의 아주 오래된 믿음인 환생이 실현되는 셈이다. 이러한 가능성에서 영감의 초월적인 토대를 얻은 예술가들은 벌써부터 현기증 나는 전망들을 펼쳐보이고 있다.

이러한 종류의 진화가 실제로 현실이 되기 시작할 때면, 많은 사람들은 그것이 민주주의나 기후변화에 끼치게 될 결과를 받아들이려 하지 않을 것이다. 또한 불충실한 용병들로만 이루어진 사회가 주는 불쾌감과 불편함 등의 결과 역시 받아들일 수 없을 것이다. 하물며 인간이 한낱 유전공학이 만들어낸 인공물로 변하는 현실이나 생명의 본질 자체, 인류의 지속 등에 미치는 결과에 대해서는 두말할 필요도 없다. 결국 이처럼 자살 행위나 다름없는 이성 지향적 모더니티의 무차별적인 확산에 반대하는 항거가 일어날 것이다.

하이퍼 모더니티도 이러한 적대적 움직임에 대항할 것이다. 민주주의 축소, 법의 부재 등을 만회하기 위해 세계 시장은 사적인 규제와 국제적인 규범을 강요할 것이다. 하이퍼 모더니티는 국가 단위의 정부는 필요로 하지 않는다. 시 단위의 정부면 족하다. 하이퍼 모더니티는 이러한 규범들을 강제하기 위해 자기만의 경찰, 자기만의 교도소 등을 소유할 것이다. 불충실의 위협에 대처하고 범죄를 통제하기 위해 기업들은 자신의 가장 깊숙한 생각까지도 감시할 수 있는 수단을 만들어 팔 것이다. 실제로 범죄가 일어나 범인들을 처벌해야 할 일이 생기기도 전에 이를 미연에 방지하는 수단도 판매될 것이다. 이는 물론 점점 더 공고해지는 극소수의 이익을 위한 것이다. 이상기후를 예방하기 위해 지구 전체에 에어컨을 가동하는 방법을 고안한다거나, 전 세계적으로 채식을 강제하는 법을 만들 수도 있을 것이다.

선험적으로 말하자면, 90억 지구 주민 모두에게 현재 서양이 누리는 수준 또는 그 이상의 생활과 정치적, 개인적 자유를 제공하겠노라고 장담하는 하이퍼 모더니티에 감히 반대할 사람은 아무도 없을 것이다. 그럼에도 산적한 많은 문제들이 답을 찾지 못하고 남게 될 것이다. 어떻게 해야 인류가 자신의 정체성을 지킬 수 있는 성소를 정의하고 이를 보호해나갈 수 있을 것인가? 어떻게 해야 인류가 인공물을 생산해내는 인공물 컬렉션으로 변하지 않는 한계를 설정할 수 있을 것인가? 어떻게 해야 자유의 이름으로 인류가 자멸의 길을 가지 않도록 막을 수 있단 말인가?

자살행위에 버금가는 이 서구화와 이성 만능주의의 역동성에 대항해서 몇몇 새로운 또는 아주 해묵은 세력들이 출현할 수 있을

인류는 어떻게 진보하는가

것이다. 이념적으로, 정치적으로, 게다가 매우 과격한 방식으로. 이 세력들은 미래에 대해 새로운(또는 해묵은) 의미를 주려고 시도할 것이다. 바꿔 말하면, 모더니티에 새로운(또는 해묵은) 의미를 부여하려 할 것이다. 이 세력들은 다른 모더니티들이 아주 한참 앞서서 그랬듯이, 벌써 활동 중이다.

비非모더니티

이제 남은 여섯 가지 모더니티들 가운데 가장 먼저 나오는 형태는 우리가 이미 "컨템퍼러리"라는 이름으로 익숙하게 알고 있는 것이다. 이 모더니티는 지금까지도 그래왔지만 앞으로도 미래에 대해서 생각해야 할 필요성조차 부인하는 것을 본질로 삼을 것이다. 미래는 너무도 많은 요소들의 영향을 받으므로 결정적으로 예측 불가능하다는 것이 그 이유다. 사실 지금도 그렇지만 모든 차원이 한층 더 밀접하게 상호 연결되어 있는 만큼, 앞으로는 기술 혁신이나 과학적 발견, 정치 혁명, 그 외 세계가 진화해가는 모든 양상을 예측하기가 점점 더 어려워질 것이다. 그러니 어차피 예측이 불가능하다면 기꺼이 맹목적으로 나가보겠다는 것이다. 그래도 너무 겁먹는 일은 없도록, 위에서 언급한 하이퍼 모더니티의 시나리오가 실현될 확률은 최소화하면서.

이러한 모더니티의 전조는 벌써 오래 전부터 있었다. 특히 컨템퍼러리 세계에서 이와 같은 조짐이 두드러지게 나타나는데, 컨템퍼러리 세계는 이러한 모더니티의 서곡이라 할 수 있다. 바꿔 말하면, 컨템퍼러리 세계는 비非 모더니티를 예고한다.

　정계나 재계의 지도자들은 오늘날에 비해서 훨씬 더 즉각적인 각종 구속에 묶일 것이다. 그들은 유권자들이나 주주들의 상시 전자 투표에 따라 교체될 것이다. 미래에 대해 생각하고 준비하기를 포기한 채 오직 현재에만 사는 개인들, 특히 그러한 젊은이들의 수는 점점 늘어날 것이다. 이들은 저축도 하지 않고, 자식도 낳지 않을 것이다. 이런 종류의 개인주의의 확산, 순간의 지배는 사회적 통제를 위한 비용의 증가를 불러온다.

　당연한 말이지만 이러한 태도는 결코 오래 지속될 수 없다. 결국 기후나 인구, 사회, 경제 등 모든 분야에서 재앙을 초래하며, 민주주의를 저당 잡히지 않고는 이와 같은 재앙에서 벗어나기가 어렵기 때문이다. 짐작했듯이 비 모더니티는 결국 맹목적으로 하이퍼 모더니티를 향해 치닫는 한 방식이 될 것이다.

복고 지향적 모더니티
—

이러한 변화에 당황한 일부는 과거의 개념에 따라 사는 편을 선호할 수도 있다. 사회가 안정적이고, 힘을 지니고 있으며, 영속성에 대한 믿음을 가지고 있던 시절로 돌아가려는 경향을 보이는 것이다. 그들에게는 과거에 대한 향수에 젖는 것이 모던한 것이다.

분명, 적어도 서양에서는 서양 사회가 권력의 정점에 있었던 시기, 그러니까 1968년 학생혁명 직후부터 제1차 석유 파동 전까지의 시기를 이상적인 시대로 꼽을 것이다.

오늘날의 일부 엘리트들은 본인들이 이 이상적인 시대에 젊은 시절을 보냈기 때문에, 혹은 부모들의 기억을 통해 당시의 가치와 예술가들, 그들의 작품들을 찬미하고 떠받들려 할 것이다. 이렇게 되면 복고 지향적인 것이 모던한 것이 될 것이며, 따라서 과거처럼 살고, 과거처럼 옷을 입고 다니는 것이 유행할 것이다.

이런 모더니티의 전조 또한 오래 전부터 있었다. 전 세계적으로 유행한 1960년대 음악에 대한 향수가 그 대표적인 증거라 할 수 있다. 바로 동양적 혼합주의의 가치 안에서의 복고다.

복고 지향적 모더니티는 고전적인 결혼, 전통적인 가정, 위험부담이 큰 모험이나 혁신의 거부, 계약의 안정성, 충직함, 성실함, 변함없음 등을 높이 평가할 것이다. 그러면서도 종교적 가치에 토대를 두지는 않을 것이다.

하지만 복고 지향적 모더니티는 장기간 지속될 수 없다. 얼마 지나지 않아 곧 생산성, 성장, 고용률 등 각종 지표의 둔화라는 문제가 불거질 것이기 때문이다. 의학의 발전을 언제까지고 늦출 수도 없고, 오락이 가져다주는 효과를 마냥 거부할 수도 없으며, 시장에서의 경쟁으로 인해 지속적인 압박으로 작용하는 생산성 증대의 지배에 노상 반기만 들 수도 없는 형편이므로, 복고 지향적 모더니티는 일시적 유예 기간이 지난 후에는 어쩔 수 없이 하이퍼 모더니티로 진화하게 될 것이다.

민족 지향적 모더니티

—

이와는 또 다른 종류의 반작용이 출현할 가능성도 있으며, 반드시 그렇게 될 터이고, 실제로 지금도 이미 그 모습을 드러내고 있다. 바로 하이퍼 모더니티가 내포하는 세계화나 노마디즘, 혼혈주의에 대해 성마른 반응을 보이는 경향이다. 이 경우, 확고한 정체성을 부추기는 가치들로 되돌아가 국경을 폐쇄하는 것이 모던한 것이 된다. 문화적 또는 언어적 경계가 가장 먼저 도마에 오를 것이다. 그 뒤로는 경제적, 정치적, 민족적 국경 폐쇄가 차례로 이어질 것이다.

지금도 벌써 보호주의적이고 민족주의적인 담론들이 전 세계 곳곳에서 부상하고 있다. 프랑스처럼 세계화의 수혜를 가장 많이 받은 나라들이라고 해도 예외가 아니다. 이러한 현상은 예술 분야에서도 쉽게 눈에 띈다. 신흥 국가의 구매자들이 자국 예술가들을 선호하며, 세계 각지에 흩어져 있는 자국 문화의 유서 깊은 보물들에 대한 사냥에 나서고 있는 것이 그 증거이다.

이렇게 되면 점점 더 자국 생산품만을 구입하고, 자국의 언어만을 사용하고, 여행도 하지 않고, 외국인 이민자들을 추방하는 것이 모던한 것이 될 것이다.

이러한 모더니티의 전조 역시 오래전부터 배태되어왔다. 이는 여러 이데올로기와 점점 더 집권에 가까이 다가가고 있는 유럽의 극단주의 정당들에 의해 표출되고 있다. 셍겐 협약에 문제를 제기하며 외국인들의 유럽 체류를 거부하는 정책 등이 좋은 예라고 할 수 있다. 미국의 티파티 그룹도 여기에 해당된다. 적지 않은 국가들에서 일고 있는 특정 지역의 독립 열망도 같은 맥락으로 이해할 수 있다. 아프리카, 유럽 또는 인도연방(이대로 간다면 이 나라는 50개가 넘는 국가로 쪼개질 수도 있다)의 일부 지역에 불고 있는 분리주의 열풍이 특히 이를 잘 대변한다.

이런 식이라면 국가 파편화 현상의 보편화, 그에 따른 거대한 규모의 민족 대이동이라는 결말에 도달하게 될 것이다. 더 나아가서 '민족적으로 순수한' 것이 모던한 것이 되는 날(우리는 그에 따르는 끔찍한 부작용을 경험했다)을 상상해볼 수도 있을 것이다. 이처럼 광적인 요구를 관철시키기 위해 동원될 각종 새로운 수단들은 독자들의 상상에 맡긴다. 가령 종전의 신분증은 유전자 코드가 입력된 카드로 대체되고, 이를 통해서 유전자적 순수성을 측정하게 되지 말란 법도 없지 않은가.

이 경우에도 역시 민주주의는 모던한 것과 거리가 멀어진다. 민족 지향적 모더니티는 개인의 자유와는 양립 불가능하며, 따라서 생산성, 성장, 고용률 둔화를 초래할 것이다. 자유가 억제할 수 없는 절대적인 요구로 남아 있는 한, 민족 지향적 모더니티는 지속가능한 모델이 될 수 없다. 그러므로 얼마간의 유예 기간이 지나면 이 또한 하이퍼 모더니티로 귀속될 것이다.

신정정치神政政治 지향적 모더니티
—

이성과 서구화, 시장 민주주의의 잠정적인 파산이라는 하이퍼 모더니티의 위협과 새롭고 일시적인 것의 지배에 직면하여 모더니티에 대한 종교적 개념, 즉 신앙 지향적인 모더니티가 상당수 지구촌 주민들에게 오늘날보다 훨씬 더 매력적으로 받아들여질 수도 있을 것이다. 이들에게는 계시된 진리에 대한 권리가 언제나 양심과 이성의 권리보다 우세하게 작용할 것이다. 결국 신앙 지향적인 모더니티로 되돌아가게 되는 것이다.

벌써 많은 기독교 계통 집단들이 인류의 출현을 설명하는 진화론이나 우주의 생성을 설명하는 천문학적 발견을 받아들이지 않고 있다. 이들은 시장 민주주의가 풍습에 미치는 영향(특히 이혼이나 동성애, 낙태, 동성애자 간의 혼인의 합법화)을 전면적으로 거부하며, 줄기세포에 관한 연구와 그에 따른 결과물(인공장기나 생명체 복제)에도 반대한다. 이들은 우리가 위에서 언급한, 그로 인한 엄청난 파장을 아직 제대로 파악조차 하지 못하고 있는 하이퍼 모더니티의 다른 모든 양상들도 당연히 거부할 것이다. 그러므로 서양을 비롯해 그외 기독교 세력 지역, 특히 라틴 아메리카와 아프리카에서 점점 더 많은 사람들이 앞으로 다가올 하이퍼 모더니티와 이를 준비하는 시장 민주주의를 거부하게 될 것이라고 예상할 수 있다.

이는 엄청난 결과를 가져올 수 있다. 이미 기독교적 가치에 좌우되는 경향을 보이고 있는(대부분의 미국 학교에서는 기도 시간이 점점 더 늘어나고 있다) 미국의 민주주의에서는 히스패닉계의 증가와 더불어 그와 같은 경향이 한층 더 짙어질 것이며, 그렇게 되면 신앙의 요구로 인해 위기에 봉착할 것이다. 워싱턴에 기독교적 신정정치라는 형태의 독재 정권(알렉시 드 토크빌은 미국에서 지나친 획일화로 인한 독재가 부상할 가능성을 염려했다)이 나타나 하이퍼 모더니티의 모든 양상을 금지할 수도 있는 일이다.

마찬가지로 이슬람 쪽에서도 모더니티에 대한 신정정치적 개념의 회귀가 관찰되고 있다. 아랍 이슬람 문명은 잘 알려졌다시피, 12세기까지만 하더라도 과학적 인식의 발전에 지대한 공헌을 했다. 오늘날 많은 이슬람 국가들이 적어도 원칙적으로는 사회계약에 토대를 둔 법치국가, 국가 경영과 종교 권력의 분리, 세속 국가, 종교의 자유 등을 인정한다. 하지만 시장 민주주의에 대한 이슬람의 태도는 1864년 〈오류표〉를 발표한 교황 비오 9세 시절의 가톨릭교회의 태도, 그러니까 이성 지향적인 모든 모더니티를 거부하던 모습과 매우 유사하다고 할 수 있다.

이슬람은 지금도 물론 그렇지만 앞으로는 한층 더 강력하게 서양을 향해 신의 권리에 손상을 입히면서까지 인간의 권리를 고양시켰다는 비판을 외칠 것이다. 이슬람 당국의 입장에서는 서양과 서양이 가져다준 모든 것, 즉 식민주의에서부터 풍습의 자유화, 여성 해방에서부터 이스라엘 국가 건설(이스라엘은 이슬람 측에서 보자면 모더니티의 서구적 개념이 낳은 극단적인 사례이다)에 이르기까지 그야말로 그 모두를 무찌르는 것이 모던한 것이 된다. 가령 이집트의 무슬림 형제단은 이슬람 국가 건설, 그리고 사회 전체와 그 사회의 사회적, 정치적, 사법적 제도들이 이슬람화에 근접할수록 모던하다고 간주할 것이다. 이들은 이를 새로운 보편주의로 포장할 것이며 전 지구상에서 이슬람 율법 샤리아를 실천해야 한다고 주장할 것이다. 이들은 권력을 장악한 모든 나라에서 여성의 권리, 과학적 지식 접근권을 비롯한 모든 형태의 권리에 대한 주장을 억압할 것이다. 실제로 최근 이집트에서 이들이 아주 짧은 기간 동안 정권을 장악했을 때 이런 행태를 보였던 것이 사실이다.

전 세계의 상당히 넓은 지역에서(특히 서양에서 하이퍼 모더니티를 끝까지 밀어붙이면서 인류의 본질에 대한 의문이 일게 하는 행동을 보일 경우) 이러한 신정정치 지향적인 모더니티가 승리를 쟁취하게 될 것이다. 공포에 의해서든 선거를 통해서든 신정정치는 종교의 가르침에 완전히 복종하는 식의 모더니티를 강요할 것이고, 이는 서력기원 이후 첫 번째 천 년에 인류가 경험했던 신앙 지향적인 모더니티보다 훨씬 가혹한 것이 될 것이다. 생산성, 성장, 고용률 둔화쯤에는 아랑곳하지 않을 것이다. 당연히 민주주의는 살아남지 못할 것이며 사람들은 결국 이를 거부하게 될 것이다. 시간이 흘러감에 따라 신정정치 지향적인 모더니티는 실패로 끝날 것이며, 짐작했겠지만 이러한 나라들에서도 다른 나라들과 마찬가지로 하이퍼 모더니티가 강세를 보이게 될 것이다.

생태 지향적 모더니티
—

일곱 가지 모더니티 개념 중 여섯 번째에 해당하는 생태 지향적 모더니티는 하이퍼 모더니티에 대한 거부, 다른 형태의 미래에 대한 탐구에서 출발한다는 점이 앞서 설명한 신정정치 지향적 모더니티와 같다. 하지만 종교를 기웃거리지 않는다는 점에서는 큰 차이를 보인다. 무엇보다도 하이퍼 모더니티가 기후변화나 생명체의 본질과 관련해 야기할 수도 있는 끔찍한 결과를 충분히 인식하고, 이것이 거센 반작용을 불러일으킬 수 있으므로 이 같은 논리를 거부한다. 그러므로 개인의 자유와 민주주의가 약간 피해를 보는 한이 있더라도 생태학적으로 지속가능한 세계를 가꾸는 데 동참하는 것이 모던한 것이라 여긴다.

지구상에 서식하는 동물, 식물, 자연 생태계를 보존하려는 이러한 미래 비전은 물론 새로운 건 아니다. 학문으로서의 생태학이 출현하기에 앞서서 이미 일부 사람들에게는 거부할 수 없는 명제로 작용했다. 이러한 흔적은 적어도 14세기까지 거슬러 올라갈 수 있다. 가령 1392년 사르데냐에서는 엘레오노라 다르보레아Eleonora d'Arborea가 최초의 민법인 카르타 데 로구Carta de Logu(이 법은 1827

년까지 시행되었다)에 맹금류 보호 조항을 삽입했다. 1866년 독일 출신 박물학자 에른스트 헤켈Ernst Haeckel은 그의 저서 《생물체의 일반형태론Generelle Morphologie der Organismen》에서 "생태학"이라는 용어를 처음으로 사용하면서 이를 "경제, 습관, 생활방식, 생명체가 외부와 맺는 관계에 대한 학문"이라고 정의했다. 1872년 미국은 최초의 국립공원인 옐로스톤 공원을 개장했다. 1912년 프랑스에서는 조류보호연맹이 페로스기렉 인근의 세틸에 최초로 자연보호구역을 설정했다. 1927년에는 국립자연보호협회의 건의로 카마르그 자연보호구역이 설정되었다. 1930년대에 들어와 "생태학"이라는 용어는 몇몇 잡지의 제목(《에콜로지Ecology》, 〈저널 오브 에콜로지Journal of Ecology〉)으로도 등장했다. 영국 출신 식물학자인 조지 탠슬리George Tansley는 1935년 "생태계"라는 개념을 제안했다. 미국에서는 1960년대 초, 레이첼 카슨Rachel Carson이 살충제의 위험을 경고하기 위해 쓴 책 《침묵의 봄》(1962)이 베스트셀러가 되면서 생태학적 인식이 본격적으로 퍼지기 시작한다. 자연 생태계와 농업 체계에 대한 지속적인 파괴의 출발점이 된 베트남전쟁은 환경 문제에 관한 불안감과 우려를 증폭시켰다.

따라서 정치적 생태학은 벌써 오래 전부터 에너지 사용과 소비 사회, 생산성 만능주의 등에 반기를 들면서 서구에서 통용되고 있는 모더니티의 개념에 저항해왔다. 그러므로 생태학자들에게는 자동차, 비행기, 산업화된 농업, 고기 소비 등은 모던한 것이 아니다.

생태 지향적인 사람들이 보기에 하이퍼 모더니티는 환경을 더 많이 파괴하고 삶을 점점 더 인공화하기에 모던한 것이 될 수 없다고 생각할 것이다.

이런 논리의 연장선에서 발생하는, 하이퍼 모더니티와는 아주 다른 생태 지향적 모더니티는 자연을 보존하는 데 필요한 모든 것을 우선적으로 생각하는 비전을 제안할 것이다. 이들은 심지어 그로 인해 발생할 수도 있는 시장경제나 민주주의, 개인적 자유의 위축마저도 감수하려 할 것이다. 물론 생산성과 성장, 고용률의 둔화라는 대가도 불사하면서.

이런 부류는 소박하게 살고, 에너지를 소비하지 않으며, 물을 낭비하지 않고, 느리게 살면서, 여행에 나서기보다는 원거리 통신을 선호하는 걸 모던한 것으로 간주한다. 생태 지향적 모더니티는 각종 금지를 통해 구현될 것이다. 가령 자동차, 비행기, 육류 섭취 금지 등.

현재로서는 생태 지향적인 어떤 정당도 아직 민주주의에 이의를 제기하지는 않는다. 하지만 지구적인 차원에서 관측되는 생태계 혼란이 한층 심화될 것이라는 예측이 가능하고, 하이퍼 모더니티의 쓰나미가 턱밑까지 밀려오는 상황이라면, 분명 장기적인 관점에서 인류의 복지를 위한다는 명분으로 민주주의의 존립을 거론하게 되지 않을까? 소비에트연방 또는 다른 독재국가들에서 이미 노동자 계급의 이익을 옹호한다는 명분을 내세워 그런 일을 자행했듯이 말이다.

결국 하이퍼 모더니티에 대항하려는 이 다섯 가지 대안은 민주주의, 인권 등과는 양립이 불가능하다. 다섯 가지 모두 예술 따위는 들어설 자리가 없는 전체주의 사회로 가는 비전이기 때문이다. 그러니 이 모든 것은 만족스러운 대안이 될 수 없다. 미래가 인류의 종말 또는 민주주의의 포기를 전제로 해야 한다면 그 안에서 도대체 어떻게 행복을 찾을 수 있겠는가?

따라서 모더니티에 대한 일곱 번째 개념, 계몽주의적 개념보다는 덜 교만하면서도 민주주의를 수호할 수 있고 문화의 다양성과 개인의 자유를 보장해주는 그 개념에 기대를 걸어보아야 한다.

대안적(이타적) 모더니티

미래에 대한 일곱 번째 비전인 대안적 모더니티가 이러한 도전에 대한 답일 수 있다. 대안적 모더니티는 매우 숭고한 관점과 시대가 직면한 현안들에 대한 심오한 성찰을 전제로 한다. 대안적 모더니티는 이타주의, 그중에서도 특히 앞으로 이 땅에서 살게 될 세대들을 향한 이타주의에 기반을 두며, 타인의 행복을 자신의 삶의 조건으로 삼는다. 나의 견해로는 오로지 대안적 모더니티만이 장기적으로 살아남을 수 있을 것으로 보인다. 대안적 모더니티만이 유일하게 민주주의와 양립 가능하기도 하다. 대안적 모더니티는 우리가 이미 거쳐 온 실존, 신앙, 이성 지향적 모더니티의 모든 차원을 총망라한다.

이 모더니티 역시 오래전부터 준비되어왔다. 가령 토라에서는 '다른 사람들이 자기보다 앞서서 행복해지지 않는다면 아무도 행복할 수 없다', '이웃을 자기 자신처럼 사랑해야 한다'고 가르친다. 그리스 문헌들도 존재의 충만함을 위한 선결 조건으로서 배려와 공감을 상세하게 설명한다. 인디언들의 잠언도 유대 그리스 세계의 가르침과 일맥상통한다. 또한 기독교 신앙 역시 모세오경 중 세 번째 책인 〈레위기〉에서 차용한 이타주의를 그 근간으로 삼는다.

좀 더 비근한 예로는 애덤 스미스와 이성 지향적 모더니티를 옹호한 모든 이론가들이 이타주의를 언급하고 있음을 들 수 있다. 이들은 상인이 자신의 상품을 팔기 위해 이타적이 되는 건 지극히 합리적이라는 논리를 펼친다. 아주 최근의 경우를 보자면 소셜 네트워크가 대표적이라 할 수 있다. 이 네트워크에 참여하는 사람들 각자는 다른 사람들이 접속을 해야 자기에게도 득이 된다는 사실을 매순간 경험한다. 마이크로금융, 공정 무역, 사회 책임 기금 등도 대안적 모더니티의 사례라고 할 수 있다. 뿐만 아니라 기업들이 사회적 생태계에 대한 책임을 의식하기 시작한 것도 여기에 해당된다. 각종 비정부단체들도 이타주의를 자신들의 존재 이유로 내세우고 있으며, 이런 단체들에 대한 젊은이들의 호응도도 점점 높아지고 있다. 조금 더 일반화해서 말하자면, 지구촌이라는 하나의 마을에 사는 한, 나의 운명은 남의 운명과 상호 의존적이 될 수밖에 없다는 인식 속에서 대안적 모더니티가 싹틀 수 있다.

미래에는 남들이 자기와 같은 네트워크에 참여해주어야 나에게 이익이 돌아온다는 점을 점점 더 뼈저리게 실감할 것이다. 행복은 자기가 소유한 물건의 수보다 자기와 관계를 맺고 있는 사람들의 수에 좌우될 것이라는 말이다. 그러므로 타인들, 특히 미래 세대들이 전염병으로 고통받지 않도록 제대로 된 보살핌을 받을 수 있어야 하며, 그들이 시장에 나온 상품을 구입할 수 있으려면 가난하지 않아야 할 것이며, 네트워크 경제를 활성화시키기 위해서는 양질의 교육을 받아야 하고, 소통을 위해 동일한 수준의 노마드 기기를 사용할 수 있어야 모두에게 유리해질 것이다.

요컨대 '합리적 이타주의' 또는 '이해타산적인 이타주의'가 활성화될 것이다. 많은 사람들이 다음에 등장할 세대가 나에게 활용 가치가 높으며, 그들이 적어도 부분적으로나마 내가 은퇴 후 받게 될 연금을 지불할 것임을 이해하게 될 것이다. 국가, 기업, 소비자, 임금 노동자 등 다양한 경제 주체들은 저마다 긍정적인 태도, 다시 말해서 장기적인 요구를 토대로 정책을 결정하는 방향으로, 환경을 파괴하지 않고 지속 가능하도록 젊은이들을 교육하며 세계의 인공화라는 비탈길에서 낙상하지 않도록 유의하는 방향으로 정책을 결정하는 것이 이롭다. 지식 공유는 합리적 이타주의의 한 차원으로 받아들여질 것이다.

이해타산적인 이타주의를 넘어서는 곳에 이해관계와 무관한 '사심 없는 이타주의'가 출현하게 될 것이다. '사심 없는 이타주의'에 따라 각자는 타인의 행복이 비록 나에게 아무런 직접적인 이용 가치가 없더라도 결국 자기 자신의 행복에 일조할 수 있음을 깨닫게 될 것이다. 이타적인 것은 사심이 없을 때라도 그 자체로서 만족감을 준다. 한층 더 행복하게 해주고, 더 개방적으로 만들어주며, 더 많은 지혜를 선사하기 때문이다. 각자는 다른 사람들의 마음에 들려고 노력할 뿐 아니라 그들에게 적극적으로 기쁨을 주기 위해 애쓸 것이다. 이 두 가지는 완전히 다르다. 또한 미래 세대에게 더 나은 기억을 남기려고 노력할 것이다. 개인주의적인 것은 더 이상 모던하지 않으며, 끊임없는 축적 또한 모던하지 않은 것이 될 것이다.

기업도 이타적이 될 것이다. 공감이 그렇게 만들어주는 수단이다. 식물주의végétalisme*는 이타적이므로 모던한 것으로 인정받을 것이다. 어린이들에게는 경쟁이 아니라 공감을 가르치게 될 것이다. 뇌 과학 덕분에 이타주의가 신체 건강에도 긍정적인 요인으로 작용한다는 사실을 이해하게 될 것이며, 남의 마음에 들기 위해 옷을 골라 입는 것이 아니라 남에게 기쁨을 선사하기 위한 옷차림, 자신보다 남을 돋보이게 하는 복장을 생각하게 될 것이다. 풍습 또한 이타적이 될 것이다. 이를테면 심지어 나 없이도 상대가 행복할 수 있다는 사실을 받아들이게 될 것이다.

예술 역시 이타주의적이 될 것이다. 이타적이 되고 싶은 욕망을 선사하거나 이타주의를 높이 평가하는 하나의 행위 또는 이를 표현하는 사물이나 상황 등이 모두 예술 작품으로 간주될 것이기

• 영어로는 vegan nutrition이다. 계란이나 우유 등은 허용하는 채식주의végétarisme와 달리 철저하게 식물 위주의 식사를 고집하는 태도를 가리킨다.

때문이다. 이 모든 건 앞으로 우리가 발명해나가야 한다. 이런 부류의 작품은 아직 극소수에 불과하다. 아직까지는 올라푸르 엘리아손Olafur Eliasson의 〈작은 해Little Sun〉나 나지하 메스타우이Naziha Mestaoui의 〈심장 박동 한 번 나무 한 그루One Beat One Tree〉 정도가 이러한 부류의 인상 깊은 작품으로 기억된다.

불멸성을 개인적인 차원의 판타지로 생각하는 건 모던하지 않으나, 남에게 고통을 덜어주기 위한 도전으로 생각한다면 이는 모던한 것이 될 것이다. 요컨대 모더니티는 완전한 자기 인식의 방향으로 가되, 창조하고 더 많은 것을 받기 위해, 스스로에게 집중하면서 남에게 베푸는 역량을 키워나가는 것이 될 것이다.

이것만이 인류가 반복적인 세계에 사는 것으로 만족하지 않고 스스로의 운명을 개척하겠다는 결의를 다진 이후(그러니까 실존 지향적인 모더니티 이후) 인간이 개인의 자유, 경쟁, 높은 생산성 등이 열어준 장밋빛 언약에 몸을 맡기기로 결정한 순간부터 어쩔 수 없이 빠지게 된 나락에서 벗어날 수 있는 유일한 출구이다.

이 출구를 통해 빠져나오겠다는 용기를 가져야 한다. 그것도 아주 서둘러서, 명철하면서도 자유로운 결정에 따른 기꺼운 마음으로. 앞서 경험한 세 가지 모더니티, 즉 실존 지향적 모더니티, 신앙 지향적 모더니티, 이성 지향적 모더니티의 가치들을 한군데로 모아 네 번째 모더니티를 구축해야 한다.

민주주의와 양립 가능한 이 변화를 서둘러서 시도하지 않는다면 대안적 모더니티가 내포하고 있는 많은 양상이 전체주의적 모더니티라는 형태로 나타나게 될 것이다. 그렇게 되면 이타주의는 사이비 종교나 독재 체제에 의해 우스꽝스럽게 왜곡되고 변질될 것이다. 권력을 장악하는 순간 이들 사이비 종교나 독재 체제는 형제애라는 이름으로 그들의 전체주의적인 법을 우리에게 강요할 것이다.

새로 등장하는 모더니티가 처음에 독재의 옷을 입고 나타난다는 건 그다지 새로운 이야기도 아니다. 역사를 통해 경험했듯이 보호자로서의 국가는 소련식 사회주의, 파시즘, 나치즘, 적어도 이렇게 세 가지 전체주의적 형태를 거친 다음 루스벨트 정권 하의 미국에서 다시금 모습을 드러냈다.

이러한 우회를 피해 컨템퍼러리 모더니티에서 직접 이타주의적 모더니티로 이행하려면 실존 지향적 모더니티, 신앙 지향적 모더니티, 이성 지향적 모더니티가 추구하던 가치에 의지해야 한다. 이는 다른 형태의 미래 비전이 지닌 치명적인 위험을 충분히 이해함으로써 가능하다. 그 점을 이해하고 나면 공감의 일상적인 실천을 통해 이타주의를 역사의 진정한 동력으로 삼을 수 있을 것이다. 숨을 쉬는 매 순간마다 민주주의를 인류의 생존을 위해 반드시 필요한 요소로 되새김으로써 민주주의 또한 보존할 수 있을 것이다.

예술은 다른 어떤 활동보다도 효율적으로 이 모든 것이 우리가 당면한 시급한 과제임을 설득할 수 있을 것이다. 그것이 바로 예술의 위대함이며 동시에 예술의 책임이기도 하다. 예술이야말로 인간이 구가할 수 있는 가장 대범한 행위이기 때문이다.

이상이 진지하게 고려해볼 가치가 있는 유일한 미래 비전인 이 타주의적 모더니티가 앞선 비전의 계승자로서 짊어져야 할 책임이 자 도전이다. 나는 이 책의 독자들과 함께 이 문제에 대한 토론을 벌일 수 있기를 고대한다.

참고문헌

단행본

- Adorno, Theodor, et Horkheimer, Max, *La Dialectique de la raison*(1947), Gallimard, 1983년, 《계몽의 변증법》(문학과지성사).

- Antioche, Adhémar, comte d', *Châteaubriand ambassdeur à Londres* (1822), *d'après ses dépêches inédites*, Perrin et Cie, 1912.

- Ardenne, Paul, *Art. L'âge contemporain*, Édi. Du Regard, 1997.

- Arendt, Hannah, *La Condition de l'homme moderne*(1958), Pocket, 2002. 《인간의 조건》(한길사).

- Arendt, Hannah, *Essai sur la révolution*, Gallimard, 1963, chap.IV "Première fondation: constitutio libertatis". 《혁명론》(한길사) 제4장.

- Aristophane, *Les Grenouilles*, Les Belles-Lettres, 2009. 《개구리》(동인).

- Aron, Raymond, *Les Désillusions du progrès. Essai sur la dialectique de la modernité*, Calmann-Lévy, 1969.

- Attali, Jacques, *Une brève histoire de l'avenir*, Fayard, 2006. 《미래의 물결》(위즈덤하우스).

- Asimov, Issac, *Fondation* (1951), Gallimard, coll. "Folio", 2009. 《파운데이션》(황

금가지).

- Bacon, Francis, Novum Organum (1620), PUF, 2010. 《신기관》(한길사).

- Balandier, Georges, *Le Détour. Pouvoir et modernité*, Fayard, 1985.

- Balzac, Honoré de, *Le Centenaire ou les Deux Beringheld, in Premiers romans* (1822-1825), Robert Laffont, coll. "Bouquins", 1999.

- Baudelaire, Charles, *Salon de* 1846 (1855), Clarendon Press, 1975.

- Baudelaire, Charles, Le *Peintre de la vie moderne* (1859), Éd. du Sandre, 2009. 《현대의 삶을 그리는 화가》(은행나무).

- Beck, Ulrich, *La Société du risque* (1986), Flammarion, 2003. 《위험사회》(새물결).

- Blackmore, Richard, *Essays upon Several Subjects* (1716), t. 1, George Olms Publishers, 1976.

- Blanc, Charles, *Histoire des peintres de toutes les époques*, Librairie Renouard, 1875.

- Blumenberg, Hans, *La Légitimité des temps modernes*, Gallimard, 1999.

- Boccalini, Trajano, *Ragguagli del Parnasso*, 1612, traduit de l'italien par Th. de Fougasses, Adrian Perier, 1615.

- Bradbury, Malcolm, & McFarlane, James, Modernism. *A Guide to European Literature*, 1890-1930, Penguin Books, 1978.

- Brune, François, *Le Bonheur conforme*, essai sur la normalisation publicitaire, Gallimard, 1985.

- Burton, Robert, *Anatomie de la mélancolie* (1621), Gallimard, 2005. 《우울증의 해부》(태학사).

- *Les Cahiers du musée national d'Art moderne, Moderne, modernité, modernisme*, n° 19-20, juin 1987 ; *Après le modernisme*, n° 22, décembre 1987.

- Canto-Sperber, Monique (감수), *Friedrich Nietzsche. Dictionnaire d'éthique et de philosophie morale*, t. 2, PUF, 2004.

- Carson, Rachel, *Printemps silencieux* (1962), Wildproject, 2009. 《침묵의 봄》(에코

리브르).

- Cassirer, Ernst, *La Philosophie des Lumières*, Fayard, 1932.

- Cazelles, Brigitte & Méla, Jacques, *Modernité au Moyen Âge. Le défi du passé*, Droz, 1990.

- Charfi, Abdelmajid, *La Pensée islamique, rupture et fidélité*, Albin Michel, 2008.

- Chateaubriand, François-René, *Mémoires d'outretombe*, t. 1, livre 9, Penaud Frère, 1850.

- Chesneaux, Jean, *De la modernité*, La Découverte-Maspero, coll. "Cahiers libres", 1983.

- Compagnon, Antoine, *Les Cinq Paradoxes de la modernité*, Seuil, 1990.《모더니티의 다섯 개 역설》(현대문학).

- Compagnon, Antoine, *Les Antimodernes*, Gallimard, 2005.

- Conches, Guillaume de, *Commentarius in Timaeum*.

- Conio, Gérard, *L'Art contre les masses. Esthétiques et idéologies de la modernité*, L'Âge d'homme, 2003.

- Conseil économique, social et environnemental, 1968-2008. *Les Défis de l'immigration future*, 2003 ; *Évolution et prospective de la place des femmes dans la société françaises*, 2009.

- Constant, Benjamin, *Les Constitutions de la France depuis 1789* (1799), Flammarion, 1979, chap.1.

- Constant, Benjamin, *Principes de politique applicables à tous les gouvernements représentatifs*, manuscrit rédigé entre 1806 et 1810 resté inédit jusqu'en 1980, Hachette Littératures, 1997.

- Cooper, Frederick, *Le Colonialisme en question* (2005), Payot, 2010.

- Cruce, Emeric, *Le Nouveau Cynée ou Discours des occasions et moyens d'établir une paix générale et la liberté du commerce par tout le monde*, 1643.

- Cunningham, *Patricia A., Reforming Woman's Fashion (1850-1920), Politics, Health and Art*, Kent University Press, 2003.
- Dagen, Philippe, *La Haine de l'art, Grasset*, 1997.
- Danto, Arthur, *The Madonna of the Future.* Essays in a Pluralistic Art World, First Edition, 2000.
- Danto, Arthur, *L'Art contemporain et la clôture de l'histoire*, Seuil, 2000.《예술의 종말 이후—컨템퍼러리 미술과 역사의 울타리》(미술문화).
- Delevoy, Robert, *Dimensions du XXe siècle*, Skira, 1965.
- Descartes, René, *Règles pour la direction de l'esprit* (1629), Livre de poche, 2002.《정신지도를 위한 규칙들》(문예출판사).
- Descartes, *René, Discours de la méthode* (1637), Flammarion, 2000.《방법서설》(국내 여러 출판사에서 데카르트의 다른 저작들과 한데 엮은 형태로 출간).
- Descartes, René, *Méditations métaphysiques* (1641), Flammarion, 2009.《성찰》(나남출판, 문예출판사 등).
- Domenach, Jean-Marie, *Approches de la modernité*, Ellipses, 1995.
- Duby, Georges, *L'Économie rurale et la vie des campagnes dans l'Occident médiéval*, Aubier, 1962.
- Eksteins, Modris, *Rites of Spring. The Great War and the Birth of the Modern Age*, Bantam Press, 1989.
- Emerson, Ralph Waldo, *The American Scholar*, 1837.
- Érasme, *Traité de civilité puérile* (1530), Mille et une Nuits, 2001.《에라스무스의 아동교육론》(한국학술정보).
- Eysteinsson, Astradur, *The Concept of Modernism*, Cornell University Press, 1992.
- Fontenelle, Bernard de, *Entretiens sur la pluralité des mondes*, 1686.
- Fontenelle, Bernard de, *Digression sur les Anciens et les Modernes*, 1688.
- Fontenelle, Bernard de, *De l'origine des fables*, 1724.

- Foucault, Michel, *Surveiller et punir*, Gallimard, 1976. 《감시와 처벌》 (나남출판).

- Fouquet, Claude, *Histoire critique de la modernité*, L'Harmattan, 2007.

- François, Stéphane, *L'Écologie politique : une vision du monde réactionnaire?*, Cerf, 2012.

- Fukuyama, Francis, *La Fin de l'hoitoire et le Dernier Homme*, Flammarion, 1992. 《역사의 종말》 (한마음사).

- Galtier, Jacques, *Protestants en révolution*, Labor et Fides, 1989.

- Gandillac, Maurice de, *Genèses de la modernité. De la "Cité de Dieu" à la "Nouvelle Atlantide"*, Cerf, 1992.

- Gauchet, Marcel, "La droite et la gauche", in *Les Lieux de mémoire, t. 3 Les France, vol. 1. Conflits et partages*, sous la direction de Pierre Nora, Gallimard, 1997.

- Gautier, Théophile, *Honoré de Balzac* (1858), Nabu Press, 2009.

- Granville Geo, *Ode on the Present Corruption of Mankind in Works of the British Poets*, Edimburgh, 1793.

- Giddens, Anthony, *Les Conséquences de la modernité* (1990), L'Harmattant, 1994.

- Girard, René & Vattimo, Gianni, *Christianisme et modernité*, Flammarion, 2009.

- Grimal, Pierre, *La Civilisation romaine*, Arthaud, 1984, chap. viii "Rome, reine des villes".

- Habermas Jürgen, *Le Discours philosophique de la modernité* (1985), Gallimard, 1990. 《현대성의 철학적 담론》 (문예출판사).

- Haeckel, Ernst, *Generelle Morphologie der Organismen*, Reimer, 1866.

- Hegel, Georg Wilhelm Friedrich, *La Phénoménologie de l'esprit*, 1807. 《정신현상학》 (한길사).

- Heidegger, Martin, *La Question de la technique* (1953), Gallimard, 1958.

- Heidegger, Martin, *Questions III et IV* (1966-1976), Gallimard, 1990.

- Heinlein, Robert, *Stranger in a Strange Land (1961), En terre étrangère*, Robert Laffont, 1999.《낯선 땅 이방인》(마티).

- Hélias, Pierre-Jakez, *Le Cheval d'orgueil*, Plon, coll. "Terre humaine", 1975.

- *Histoire de la vie privée*, sous la direction de Philippe Ariès et Georges Duby : t. *IV De la Révolution à la Grande Guerre* ; t. V De la *Première Guerre mondiale à nos jours*, Seuil, 1987 & 1999.《사생활의 역사》(새물결).

- *Histoire des moeurs, sous la direction de Jean Poirier, Encyclopédie de la Pléiade* ; t. I *Les coordonnées de l'homme et la culture matérielle* ; t. II *Modes et modèles* ; t. III *Thèmes et systèmes culturels*, La Pléiade, 1991 & 1993.

- Hobbes, Thomas, *Léviathan* (1651), Folio, 2000.《리바이어던》(서해문집, 동서 문화사, 나남출판 등).

- Hugo, *Victor, La Fin de Satan* (1886), Gallimard, 1984.

- Huxley, Aldous, *Le Meilleur des mondes*, Plon, 1932.《멋진 신세계》(문예출판사, 범우사 등).

- Jencks, Charles, *Le Langage de l'architecture postmoderne* (1977), Denoël, 1979.《현 대 포스트모던 건축의 언어》(태림문화사).

- Jimenez, Marc, *La Querelle de l'art contemporain*, Folio Essais, 2005.

- Jünger, Ernst, *Orages d'acier* (1920), Christian Bourgois, 1995.《강철 폭풍 속에서》 (뿌리와이파리).

- Jünger, Ernst, *La Mobilisation totale* (1931), Gallimard, 1990.

- Jünger, Ernst, *Le Travailleur* (1932), Christian Bourgois, 2001.

- Kant, Emmanuel, *Idée d'une histoire universelle d'un point de vue cosmopolite*, 1784.

- Kant, Emmanuel, *Réponse à la question : qu'est-ce que les Lumières?*, 1784.

- Kant, Emmanuel, *Projet de paix perpétuelle*, 1795.《영구평화론》(서광사).

- Kojève, Alexandre, *Introduction à la lecture de Hegel*, Gallimard, 1980.

- Koselleck, Reinhart, *Le Futur passé. Contribution à la sémantique des temps historiques* (1979), EHESS, 2000.《지나간 미래》(문학동네).

- Krier, Léon, Cities within the City, Tokyo, 1977.

- Kurzweil, Ray & Grossman, Terry, *Serons-nous immortels?* Dunod, 2006.《노화와 질병》(이미지박스).

- Lafargue, Paul, *Le Droit à la paresse* (1883), Mille et une Nuits, 2000.《게으를 수 있는 권리》(새물결),《게으를 권리》(필맥).

- Lancellotti, Secondo, *Hoggidi* (1623), T. Pepingué, 1631.

- Latour, Bruno, *Nous n'avons jamais été modernes. Essai d'anthropoligie symétrique* (1991), La Découverte, 2012.《우리는 결코 근대인이었던 적이 없다》(갈무리).

- Latour, Bruno, *Enquête sur les modes d'existence. Une anthropologie des Modernes,* La Découverte, 2012.

- Le Breton, André, *Balzac, l'homme et l'oeuvre, Librairie Armand Colin,* 1905.

- Lejeune, Philippe, "Rapport moral de Taylor", *Revue de la Fondation du baron Taylor,* juillet 2006.

- Leroi-Gourhan, André, *Milieu et techniques*, Albin Michel, 1973.

- Lévi-Strauss, Claude, *L'Homme nu* (1971), Plon, 2009.

- Lévi-Strauss, Claude, *Tristes tropiques*, Plon, 1973.《슬픈 열대》(한길사).

- Lipovetsky, Gilles, *Les Temps hypermodernes*, Grasset, 2004.

- Locke, John, *Le Second Traité du gouvernement* (1690), PUF, 1994.《통치론》(까치글방).

- Lulle, Raymond, *Doctrina pueril, Klincksieck,* 1969.

- Lyotard, Jean-François, *La Condition postmoderne*, Éd. de Minuit, 1979.《포스트모던적 조건》(서광사).

- Maïmonide, Rambam, *Michné Torah* (1170-1180), Moznaïm – L'Arche du livre, 1990.

- Malebranche, Nicolas, *De la recherche de la vérité* (1674), André Pralard, 1675.

- Marx, Karl, *Le Capital*, t. 2, livre 1, Maurice Lachâtre, 1872. 《자본론》 (비봉출판사), 《자본》 (길) 등.

- Mendes, Valérie & La Haye, *Amy de, La Mode au XXe siècle,* Thames & Hudson, 2000. 《20세기 패션》 (시공사).

- Meschonnic, Henri, *Modernité*, Verdier, 1988.

- Meschonnic, Henri & Shigehiko Hasumi, *La Modernité après le post-moderne*, Maisonneuve et Larose, 2002.

- Michaud, Louis Gabriel, *Biographie universelle, ancienne et moderne.* Supplément, Beck Libraire, 1847.

- Monneret, Jean, *Salon des Indépendants. Catalogue raisonné*, Éric Koehler, 1999.

- Montaigne, Michel de, *Essais* (1580), Larousse, 2008. 《몽테뉴 수상록》 (동서문화사, 문예출판사, 범우사 등).

- More, Thomas, *L'Utopie ou le Traité de la meilleure forme de gouvernement* (1516), Kessinger Publishing, 2009. 《유토피아》 (서해문집, 돋을새김, 을유문화사 등).

- Moscovici, Serge, *L'Âge des foules*, Complexe, 1985.

- Nietzsche, Friedrich, OEuvres *philosophiques complètes*, sous la direction de Maurice de Gandillac et Gilles Deleuze, Gallimard, 1967-1997 : *Ainsi parlait Zarathoustra*, in t. IV Le Gai savoir, in t. V ; *Par-delà le bien et le mal*, in t. VII ; *Ecce homo* in t. VIII ; *L'Antéchrist*, in t. VIII. 《차라투스트라는 이렇게 말했다》 (민음사, 펭귄클래식코리아, 책세상 등), 《즐거운 학문》 (책세상), 《선악을 넘어서》 (청하) 또는 《선악의 저편》 (책세상), 《안티크리스트》 (아카넷), 《이 사람을 보라》 (청하), 《니체전집》 (책세상) 등.

- Nishitani, Osamu, "Repenser la "fin de l'Histoire", la modernité et l'histoire", in *La Modernité après le post-moderne*, Maisonneuve et Larose, 2002.

- Nouss, Alexis, *La Modernité*, PUF, coll. "Que sais-je ?", 1995.

- O'Followell, Dr, *Le Corset*, A. Maloine, 1905.

- Orwell, George, *1984* (1948), Gallimard, coll. "Folio", 1972. 《1984》 (민음사).

- Panikkar, K. M., *L'Asie et la domination occidentale du XVe siècle à nos jours, Seuil*, 1953.

- Parmentier, Léon, *Euripide et Anaxagore*, Émile Bouillon, 1893.

- Péguy, Charles, *L'Argent* (1913), Haerès Publishing, 2012.

- Pelletan, Eugène, *Profession de foi du XIXe siècle*, Pagnerre, 1854.

- Perrault, Charles, *Le Siècle de Louis le Grand* (1687), Hachette, 2013.

- Perrault, Charles, *Contes* (1697), Livre de Poche, 2006. 《페로 동화집》 (지식을만드는지식).

- Platon, *Protagoras*, Flammarion, 1997. 《프로타고라스》 (범우사, 이제이북스, 도서출판 숲 등).

- Plotin, *Ennéades*, La Bibliothèque digitale, 2012.

- Pratique de la philosophie de A à Z, Hatier, 1994.

- Rémond, René. *La République souveraine. La vie politique en France 1879-1939*, Fayard, 2002, chap. XIV, "droite et gauche".

- Riding, Laura & Graves, Robert, *A Survey of Modernist Poetry*, Heinemann, 1927.

- Rochlitz, Rainer, *Subversion et subvention. Art contemporain et argumenation esthétique*, Gallimard, 1994.

- Romilly, Jacqueline de, *La Modernité d'Euripide*, PUF, 1986.

- Rosenberg, Harold, *La Tradition du nouveau*, Éd. de Minuit, 1962.

- Rosenberg, Harold, *La Dé-définition de l'art*, Éd. Jacqueline Chambon, 1992.

- Rousseau, Jean-Jacques, Du contrat social ou *Principes du droit politique*, 1762. 《사회계약론》 (펭귄클래식코리아, 을유문화사, 서울대학교출판부 등).

- Rowe, Colin, *Mathématiques de la villa idéale et autres essais* (1976), Parenthèses, 2012.

- Russell, Bertrand, *Éloge de l'oisiveté* (1932), Allia, 2002.《게으름에 대한 찬양》(사회평론).

- Russell, Bertrand, *De la fumisterie intellectuelle*, 1943.

- Saint-Pierre, abbé de, *Discours sur la polysynodie*, Nabu Press, 2011.

- Sénèque, *De otio*, Les Belles-Lettres, 1959.《인생이 왜 짧은가》(도서출판 숲).

- Sloterdijk, Peter, *Critique de la raison cynique* (1983), Christian Bourgois, 1987.《냉소적 이성비판》(에코리브르).

- Sorel, Albert, *L'Europe et la Révolution française*, Plon, 1903.

- *Souvenirs du lieutenant général comte Mathieu Dumas, de 1770 à 1836,* Nabu Press, 2010.

- Stendhal, *Mélanges d'art et de littérature*, Lévy, 1867.

- Stendhal, *Racine et Shakespeare* (1823), Le Divan, 1928.

- Stevenson, Robert Louis, *Une apologie des oisifs* (1877), Allia, 1999.

- Swift, Jonathan, *La Bataille des livres, Rivages*, 2003.《책들의 전쟁》(느낌이있는책).

- Tassoni, Alessandro, *Ingegni antichi e moderni. Paragone degli ingegni antichi e moderni* (1620), Crabba, 2009.

- Temple, William, *Essay upon Ancient and Modern Learning* (1692), Nabu Press, 2009.

- Thévenin, René & Coze, Paul, *Moeurs et histoire des Indiens peaux-rouges*, Payot, 1977.

- Tocqueville, Alexis de, *De la démocratie en Amérique* (1835), t. 1, Flammarion, 1999.《미국의 민주주의》(한길사).

- Todorov, Tzvetan, *La Conquête de l'Amérique. La question de l'autre*, Seuil, 1982.

- Touraine, Alain, *Critique de la modernité*, Fayard, 1992.《현대성 비판》(문예출판사).

- Turgot, Anne Robert Jacques, *OEuvres*, t. 2, Éd. Dupont de Nemours, 1844.

- Tyssot de Patot, Simon, *Voyages et aventures de Jacques Massé*, 1710.

- Vadé, Yves, *Ce que modernité veut dire*, Presses universitaires de Bordeaux, 1994.

- Valéry, Paul, *Le Cimetière marin* (1920), Anagrammes, 2007. 《해변의 묘지》(민음사).

- Valéry, Paul, *La Conquête de l'ubiquité*, Gallimard, 1960.

- Van Gulick, Robert, *La Vie sexuelle dans la Chine ancienne, Gallimard*, 1977.

- Veblen, Thorstein, *La Théorie de la classe de loisir* (1899), Gallimard, 1970. 《한가한 무리들》(동인).

- Venturi, Robert, *Complexity and Contradiction in Architecture*, Museum of Modern Art of New York, 1966. 《건축의 복합성과 대립성》(동녘).

- Villey, Michel, *Le Droit et les Droits de l'homme*, PUF, 1983.

- Villey, Michel, *La Formation de la pensée juridique moderne*, PUF, 2003.

- Vinsauf, Geoffreoy de, *Documentum de modo et arte dictandi et versificandi*, Marquette University Press, 1968.

- Weber, Max, *Le Savant et le Politique* (1919). 10/18, 2002. 《직업으로서의 학문·정치》(범우사).

- Wilde, Oscar, *Aristote à l'heure du thé* (1877-1895), Grasset, coll. 《Cahiers rouges》, 2009.

- Wolfe, Bernard, *Limbo* (1952), Le Livre de poche, 2001.

- Wotton, Willam, *Réflexions sur le savoir des Antiques et des Modernes*, 1694.

- Yilmaz, Levent, *Le Temps moderne*, Gallimard, 2004.

논문과 연설

- Balandier, Georges, "Tradition et modernité", *in Le Dictionnaire des sciences humaines*, sous la direction de Sylvie Mesure et Patrick Savidan, PUF, 2007.

- Barat, Jean-Claude, "La notion de modernism dans la littérature américaine", *Modernités*, n° 5, Presses universitaires de Bordeaux, 1998.

- Baudrillard, Jean, "*Modernité*", in Encyclopaedia Universalis, Vol. 4 Sciences humaines, 2005.

- Baudrillard, Jean, "Le complot de l'art", *Libération*, 1996.

- Buren, Daniel, entretien pour *L'OEil*, septembre 2011.

- Carugo, Adriano, et Crombie, Alistair C., "Galilée et l'art de la rhétorique", *XVIIe siècle*, avril-juin 1989.

- Charrue, Jean-Michel, "Note sur Plotin et la mystique", *Kernos*, 2003.

- *Dictionnaire historique de la Révolution française*, sous la direction d'Albert Soboul, PUF, 2005, "Assemblée nationale constituante".

- Erler, Pierre, "Modernité, idéale, grande tradition dans la critique d'art de Baudelaire", in *L'Ancien et le Nouveau*, sous la direction de René Heyer, Presses universitaires de Strasbourg, 1996.

- Fauré, Anne, "Le modernisme", *La Clé des langues*, ENS Lyon, 2007.

- *Le Fédéraliste*, recueil de quatre-vingt cinq articles et essais de James Madison, Alexander Hamilton et John Jay publiés en vue d'une nouvelle Constitution (1787), Economica, 1988.

- Forte, Jean-Jacques, "Nihilisme et modernité", in *L'Ancien et le Nouveau*, sous la direction de René Heyer, Presses universitaires de Strasbourg, 1996.

- Fumaroli, Marc, "Les abeilles et les araignées", en préface de Lecocq, Anne-Marie, *La Querelle des Anciens et des Modernes*, Gallimard, 2012.

- Haber, Stéphane, "Modernité et postmodernité et surmodernité", in *Le Dictionnaire des sciences humaines*, sous la direction de Sylvie Mesure et Patrick Savidan, PUF, 2007.

- Harder, Yves-Jean, "Le sujet de la modernité", in *L'Ancien et le Nouveau*, sous la direction de René Heyer, Presses universitaires de Strasbourg, 1996.

- Hudnut, Joseph, "The Post-modern House", in *Architecture and the Spirit of Man*, Harvard University Press, 1949.

- Jean-Paul II, *Fides* et ratio, 1988. 교황 요한 바오로 2세의 회칙 "신앙과 이성".

- Jencks, Charles, "The Rise of Post-modern Architecture", in *Theories and Manifestoes of Contemporary Architecture*, Wiley-Academy, 1977.

- Kopp, Robert, "Baudelaire, mode et modernité", communication au XXXVIIe congrès de l'AIEF, juillet 1985.

- Liucci, Nicolas, "Tensions entre mode et modernité", *Mode de recherche, n° 9*, janvier 2008, Centre de recherche de l'IFM.

- Millet, Catherine, "Éditorial", ArtPress, n° 1, 1972.

- Paquet, Claude, *Dieu maintenant*, accessible librement en ligne.

- Pie IX, *Jamdudum cernimus*, 1861. 교황 비오 9세의 <오류표>.

- Programme des Nations unies pour le développement, "L'essor du Sud: le progrès humain dans un monde diversifié", *Rapport sur le développement humain*, 2013. 유엔개발 프로그램 "남반구의 도약: 다양화된 세계에서 인류의 진보". 인류발전을 위한 보고서.

- Raulet, Gérard, "La tradition et la modernité?", in *Encyclopédie philosophique universelle*, t. 4, PUF, 1992.

- Reynier, Christine, "Modernisme et fiction romanesque en Angleterre", *Modernités*, n° 5, Presses universitaires de Bordeaux, 1998.

- Servoise, René, "K. M. Panikkar, l'Asie et la domination occidentale du XVe siècle à nos jours", *Politique étrangère*, vol. 21, n° 6, 1956.

- Trow, George, "Within the Context of no Context", *The New Yorker*, 1980.

- Vico, Giambattista, *De nostri temporis studiorum ratione*, 18 octobre 1708.

- Wallenstein, Martha, "The Emergence of Fun Morality", *Journal of Social Issues*, vol. 7, n° 4, 1951.

- Werkmeister, Jean, "Modernité et archaïsme du droit canonique", in *L'Ancien et le Nouveau*, sous la direction de René Heyer, Presses universitaires de Strasbourg, 1996.

- Woolf, Virginia, *Le Roman moderne*, in *L'Art du roman*, Seuil, coll. "Points", 2009.

- Yoyotte, Jean, "Vêtement", in *Dictionnaire de la civilisation égyptienne*, sous la direction de Georges Posener, Hazan, 1992.

- Zola, Émile, "Le naturalisme au salon", *Le Voltaire*, 19 juin 1880.

라루스 백과사전에서 참고한 항목

"Art baroque", "Expressionnisme", "Humanisme", "Lacan, Jacques-Marie", "Swift, Jonathan", "Réalisme".

유니베르살리스 백과사전에서 참고한 항목

"Fouriérisme", "Nietzsche, Friedrich", "Queneau, Raymond".

위키피디아에서 신빙성 있는 내용에 근거해 집필된 항목

"Aquin, Thomas d'", "Averroès", "Chopin, Frédéric", "Créativité", "Crise de la

찾아보기

인류는 어떻게 진보하는가

인류는 어떻게 진보하는가

ⓒ 자크 아탈리

초판 1쇄 펴낸날 2016년 1월 25일

지은이 자크 아탈리
옮긴이 양영란
펴낸이 최만영
책임편집 유승재
디자인 최성수, 심아경
마케팅 박영준, 신희용
영업관리 김효순
제작 김용학, 김성수

펴낸곳 주식회사 한솔수북
출판등록 제2013-000276호
주소 03996 서울시 마포구 월드컵로 96 영훈빌딩 5층
전화 02-2001-5819(편집) 02-2001-5828(영업)
팩스 02-2060-0108
전자우편 chaekdam@gmail.com
책담 블로그 http://chaekdam.tistory.com
책담 페이스북 https://www.facebook.com/chaekdam

ISBN 979-11-7028-050-7 03300

 책담 다른 내일을 만드는 상상